Erprobte Rezepte von Kunden der Metzgerei Picard

\*

„Mein" Rezepte-Allerlei

Vielen Dank an alle Autoren/-innen, die dieses Buch ermöglicht haben, für das Kochen und Schreiben der Rezepte. Und all denen, die diese Speisen aus den heimischen Experimentierküchen danach tapfer verkostet haben.

Großer Dank gilt auch Renate und Dietmar Picard. Durch ihren unermüdlichen Einsatz ist die Metzgerei Picard zu einem beständigen und leistungsfähigen Fachgeschäft geworden, das durch Tradition und Innovation bestens für die Zukunft gerüstet und für viele nicht nur Arbeitsplatz, sondern auch ein Stück Zuhause geworden ist.

# „Mein"
# Rezepte-Allerlei

## Erprobte Rezepte von Kunden der

**Metzgerei Picard** GmbH

Illustrationen: Patricia Aulich

Idee und Gestaltung: Jürgen Picard

Impressum:

Eine Initiative der
Metzgerei Picard GmbH
Geschäftsführer: Andreas und Jürgen Picard
Steinheimer Straße 2
63179 Obertshausen/HAUSEN
www.metzgerei-picard.de

Illustrationen: Patricia Aulich
Gestaltung und Durchführung: Jürgen Picard

Herstellung und Verlag: Books on Demand GmbH, Norderstedt
ISBN 3-8334-2430-3

# Inhalt

# Fleischgerichte

# Vorwort

Nach einer Idee von Herrn Peter Groll (Marketingberater der Fünf-Sterne-Fleischer) und Jürgen Picard (Metzgermeister und Geschäftsführer) wurde unter dem Motto „Mein Lieblingsessen – Werden Sie Ihr eigener Autor" die Aktion „Mein eigenes" Kochbuch ins Leben gerufen.

Die bekannte Metzgerei Picard rief ihre Kunden mittels Handzettel und Zeitungsanzeigen auf, selbst erprobte Rezepte aufzuschreiben und zur Veröffentlichung bereitzustellen.

Mit Hilfe einer Vorlage wurden die Rezepte schon beim Schreiben standardisiert und ließen sich so leichter weiterbearbeiten. Hierbei wurden die Rezepte und Zubereitungsbeschreibungen in ihrer Form nicht verändert und entsprechen der Schreibweise der jeweiligen Autoren/-innen.

Im Verlauf dieser Aktion interessierte sich Patricia Aulich für eine Veröffentlichung ihrer Zeichnungen und gestaltete eigens für dieses Kochbuch 60 humorvolle Illustrationen zum Thema Kochen und Küche. Weitere Zeichnungen und Gedichte stellt Patricia Aulich auf ihrer Homepage unter: www.patwelt.gmxhome.de vor.

Und nicht zuletzt eröffnete sich durch den BOD Verlag die Möglichkeit, ein Buch auch in kleiner Auflage absolut professionell und zeitgemäß zu veröffentlichen.

Wir wünschen Ihnen gutes Gelingen beim Nachkochen der Gerichte.

Ihr Metzgerei-Picard-Team
Jürgen Picard

# Metzgerei Picard
GmbH

Steinheimer Straße 2 • 63179 Obertshausen/HAUSEN
Tel. 0 61 04 / 7 10 83 • Fax 0 61 04 / 7 31 59
www.metzgerei-picard.de

Wir sind nicht leicht zu finden ...
... aber es lohnt sich, uns zu suchen!

- Saftige Braten, erstklassige Steaks, Fleischzubereitungen in vielen Variationen, Wild und Frischgeflügel
- Viele Wurstspezialitäten aus eigener Herstellung, natürlich vom Feinsten
- Unser Käs'stadl bietet Ihnen über 150 Sorten Käse aus aller Welt
- Große Frisch- und Räucherfischtheke, Fischsalate – immer fangfrisch
- Knackige Salate und Desserts, täglich frisch zubereitet
- Fertig zubereitete Snacks, Blätterteig, Pasta, Pizza, Suppen und Eintöpfe
- Antipasti-Theke mit eingelegtem und gegrilltem Gemüse
- In unserem Kühlregal: Milch, Joghurt, Sahne, Eier, Frischnudeln u.v.m.
- Großer SB-Bereich mit Tiefkühlprodukten, Naturkostsortiment, Konserven, Tee, Asia-Ecke, Öle, Saucen und und und.
- In der Heißen Theke: Deftig-Gegrilltes, Aufläufe, Pizza, Hähnchen ...
- Täglich drei Mittagsmenüs und Suppen – vom Küchenchef frisch gekocht, thermoverpackt zum Mitnehmen oder hinsetzen und gleich essen

- Partyservice – für jeden Anlass das Richtige
  Geburtstag, Hochzeit, Arbeitsjubiläum, Business-Lunch …
  Von Fingerfood bis zum Galabuffet. Wir beraten Sie gern.

**Unsere Partner im gleichen Haus:**

## Bäckerei-Konditorei Schäfer – Hainhausen

- Die knackfrische Vielfalt aus Schäfers Backstube

## Obst- und Gemüse-Fachgeschäft Langmaack

- Qualität – top sortiert – Das Beste aus aller Herren Länder

# „Niedertemperatur" Garmethode

Fleischzubereitung auf einfache und sichere Weise.
Kurzbraten- oder Bratenstücke gleichmäßig rosa und butterzart –
die Niedertemperatur -Garmethode macht das Zubereiten von Fleisch
zum Kinderspiel.

**Unsere Empfehlung:**
Braten Sie das Fleisch in einer gut vorgeheizten Pfanne von beiden
Seiten scharf an, bis das Bratgut von allen Seiten eine schöne braune
Farbe hat (Öl oder Bratfett erst unmittelbar vor dem Fleisch in die
Pfanne geben).
Danach offen (ohne Folie oder Deckel) auf einen Teller oder ein
Backofenblech in den vorgeheizten Ofen legen.

Temperatur: **Heißluft 80 Grad -- E-Herd 100 Grad**

Bei dieser „Niedertemperatur" kann das Fleisch nun langsam und
schonend in aller Ruhe durchziehen. Jetzt kommt es nicht mehr auf
die Minute an und Sie können sich ohne Zeitdruck den Beilagen
oder anderen Dingen widmen.
Hier ein paar Beispiele für die ungefähren Ruhezeiten im Ofen,
wobei es bei dieser Garmethode nicht mehr auf fünf Minuten an-
kommt.

Kalbsrücken (dünn, mehliert), Schmetterlingsteaks, dünne Steaks
und Schnitzel – ca. 15–20 min.

Schweinefiletmedaillons, Schweinesteaks, Schnitzel vom Kalb und
Schwein (natur oder paniert), Rehrücken (o. Knochen) – ca. 20–25
min.

Rinderfilet in Scheiben, Rumpsteaks, Cordon bleu, Kammsteaks,
Koteletts vom Schwein oder Kalb – ca. 30–40 min.

Schweinefilet am Stück, Entenbrust (Fettseite einritzen und knusprig ausbraten), Rehrücken mit Knochen – ca. 50 min.–1 Std.

Kammbraten, Schweinebraten (mit Schwarte, einritzen und knusprig ausbraten), Roastbeef am Stück – ca. 2,5 bis 3 Std.

Rinderbraten, Sauerbraten, Schinkenbraten vom Schwein, dicke Bratenstücke – ca. 4 bis 5 Std.

Gutes Gelingen wünscht Ihnen das Metzgerei-Picard-Team.

# Thunfisch-Auflauf

\*

Ein Rezept von *Bärbel Lübbe*

Die angegebene Menge ist für ca. 4 Personenund kann auch als Hauptgericht serviert werden.

## Zutaten:

| | |
|---|---|
| 300 g Spaghetti | 1 Becher Joghurt |
| Salz | ⅛ l Milch |
| 3 Dosen Thunfisch | 2-3 Eier |
| 2-3 Zwiebeln | geriebener Käse |
| 150 g Dörrfleisch | Pfeffer, Salz |
| 3-4 Tomaten | Petersilie |

## Zubereitung:

Spaghetti in Salzwasser kochen und abtropfen lassen. Thunfisch in ein Sieb geben und das Öl abtropfen lassen. Zwiebeln schälen und würfeln, Dörrfleisch würfeln. Tomaten in dicke Scheiben schneiden.

Dörrfleisch in eine Pfanne geben und knusprig ausbraten, Zwiebeln und Thunfisch (etwas Thunfischöl dazu) dünsten, bis die Zwiebeln glasig sind.

Spaghetti und die gedünsteten Zutaten abwechselnd in eine Auflaufform geben. Tomatenscheiben dazwischen legen. Joghurt, Milch, Eier, Käse, Pfeffer, Salz, Petersilie verquirlen und über die Zutaten gießen. Bei 180-200 Grad ca. 30-40 Min. im Backofen.

Dazu eventuell Salat

# Fisch – mediterran

*

Ein Rezept von *Evi Menges*

Die angegebene Menge ist für ca. 4 Personen und kann auch als Hauptgericht serviert werden.

## Zutaten:

Beliebiges Fischfilet TK eine Packung
1 große Dose Pizzatomaten ohne Saft
1 Packung entsteinte schwarze Oliven
2 Zwiebeln        1 Glas Kapern
Olivenöl        Knoblauch
½ l Wein
Pfeffer, Salz, Basilikum, Minze, Ruccola oder auch Lauchzwiebeln
1 Olivenciabatta        geriebener Käse

## Zubereitung:

Fischfilet in die Auflaufform legen, säubern, salzen. Darüber: Pizza-Tomaten, klein geschnittene Oliven, Zwiebelwürfel, Kapern, Knoblauch, Pfeffer und Salz, evtl. Chilipulver, Olivenöl und Wein angießen, mit Basilikum, Minze, Ruccola und in Ringe geschnittenen Lauchzwiebeln bestreuen.

Im Ofen 45 Min. bei 170 Grad backen. ¼ Stunde davor mit geriebenem Käse bestreuen. Dazu auch im Backofen 10 Min. gebackenes Olivenciabatta reichen.

Schmeckt traumhaft gut!

# Italienischer Auflauf „Tagliatelle"

*

Ein Rezept von *Stephan Döbert*

Die angegebene Menge ist für ca. 4 Personen und kann auch als Hauptgericht serviert werden.

## Zutaten:

400 g Tagliatelle (grün oder weiß)
1 kleine Zwiebel
Öl
6-7 Karotten
1 gr. Dose geschälte Tomaten
1/16 l Sahne
Pfeffer, Salz, Oregano

6 Wiener Würstchen
1/16 l Milch
2 Eier
4 EL Tomatenketchup
4-5 EL Semmelbrösel
Butterflocken

## Zubereitung:

Nudeln in Salzwasser bissfest kochen, abschütten. Zwiebeln würfeln, in Öl glasig dünsten, Karotten in dünne Scheiben schneiden und mitdünsten. Die Tomaten zugeben. Würstchen in Scheiben schneiden und zugeben, mit Salz, Pfeffer, Oregano abschmecken und Sahne zugeben. Nudeln abwechselnd mit der Sauce in eine Auflaufform schichten.

In einer Schüssel Milch, Eier und Ketchup verquirlen, über den Auflauf mit Semmelbrösel bestreuen, Butterflocken draufgeben und im Backofen bei 180 Grad (Heißluft) ca. 35 Minuten backen.

# Nudelauflauf mit Schinken und Käse

*

Ein Rezept von *CPa.*

Die angegebene Menge ist für ca. 2-3 Personen und kann auch als Hauptgericht serviert werden.

**Zutaten:**

250 g Nudeln
250 g Sahne (30 % Fett)
500 ml Wasser
3-4 TL Brühpulver oder
1 Brühwürfel
200 g Schinken, gekocht, oder Wurst
100 g geriebener Käse

**Zubereitung:**

Nudeln, Wasser, Sahne und Brühe in einen großen Topf geben und kochen lassen, bis keine Sahne und Wasser mehr da ist. Gelegentlich umrühren. Den Schinken hinzufügen und umrühren. Den geriebenen Käse darüber geben.

Backofen bei 170 Grad vorheizen. Den Topf hineinstellen. Je nach Belieben, wie kross der Käse sein soll, zwischen 30-60 Min. backen. Topf herausnehmen und servieren.

# Hack-Wirsing-Auflauf

\*

Ein Rezept von *Sigrid H.*

Die angegebene Menge ist für ca. 4-6 Personen und kann auch als Hauptgericht serviert werden.

**Zutaten:**

1 mittl. Wirsing
600 g gem. Hackfleisch
1 Zwiebel
Lasagneblätter (nicht kochen)
Goudakäse in Scheiben
Béchamelsauce

**Zubereitung:**

Wirsing in grobe Streifen schneiden, waschen und mit der in Würfel geschnittenen Zwiebel anbraten und abkühlen lassen.

Hackfleisch anbraten, mit Tomatenmark, Salz, Pfeffer, Rosmarin, Basilikum und Wasser aufkochen, abkühlen lassen.

Auflaufform ausbuttern. Lasagneblätter, Wirsing, Béchamelsauce und Käse einschichten, wiederholen.

Backofen bei 175 Grad vorheizen und ca. 35-40 Min. backen.

# Seafood-Auflauf

*

### Ein Rezept von *A. K.*

Die angegebene Menge ist für ca. 4 Personen
und kann auch als Hauptgericht serviert werden.

**Zutaten:**

I.
¼ l Sahne, 2 EL Mehl
2 Eigelb, Salz, Pfeffer
1 EL Fleischextrakt
Zitronensaft
500 g Krabben, statt Krabben:
1 Dose Krebsmeat und Scampis

II.
2 Dosen Mais
1-2 Dosen Champignons
1 Dose Thunfisch in Öl
(Öl ablaufen lassen)

**Zubereitung:**

I. verquirlen

II. verrühren und in Auflaufform Sahne darüber

30 Min. im vorgeheizten Backofen bei 250 Grad backen.

Dazu Salat und Weißbrot reichen.

# Gratin alla Sorrentina

*

### Ein Rezept von *MTE*

Die angegebene Menge ist für ca. 4 Personen
und kann auch als Hauptgericht serviert werden.

**Zutaten:**

| | |
|---|---|
| 1 kg Kartoffeln | 50 g Butter |
| 500 g geschälte Tomaten | 1 dl. Weißwein |
| 300 g Mehl | 1 EL Grappa |
| 250 g Mozzarella | Salz |
| 200 g Hackfleisch | Basilikum |
| Parmesankäse | |

**Zubereitung:**

Kartoffeln mit Schale 40 Min. kochen. Wenn sie gar sind, schälen, zerdrücken und Grappa und Mehl dazugeben. Aus dem Teig kleine Röllchen machen und noch mal kleine Stückchen schneiden. Diese auf einer Gabel leicht zerdrücken, um die Form zu erhalten.

Butter in einen Topf geben und das Fleisch braten, Wein dazugeben und ausdünsten lassen. Tomaten und Salz dazugeben und köcheln lassen (½ Stunde). Gnocchi in kochendes Wasser geben und, wenn sie an die Oberfläche schwimmen, absieben und in 4 Teller verteilen. Tomaten, Hackfleisch, Mozzarella gewürfelt, Basilikum und Parmesankäse auf die Gnocchi verteilen und im vorgeheizten Backofen bei 220 Grad ca. 10-15 Min. backen.

# Spargelauflauf mit Kartoffeln

\*

Ein Rezept von *Maria Peter*

Die angegebene Menge ist für ca. 4 Personen und kann auch als Hauptgericht serviert werden.

**Zutaten:**

| | |
|---|---|
| 750 g Spargel, Salz | 750 g Kartoffeln |
| 1 Brise Zucker | 250 g roher Schinken |
| ¼ l Wasser | Belag: Paniermehl – |
| Sauce: 40 g Mehl | geriebener Käse |
| 30 g Butter oder Margarine | Butter |
| ½ l Flüssigkeit (Spargelbrühe oder Milch) | |
| 1 EL geriebener Käse, 1 Eigelb | |
| 1 EL Wasser, Salz, 1 Prise Muskat | |

**Zubereitung:**

Spargel waschen, schälen, in Stücke schneiden, mit Salz und Zucker überstreuen, Wasser angießen, ankochen und 15 Min. vorkochen. Spargelbrühe abgießen und auffangen. Für die Sauce Butter erhitzen, Mehl zugeben und unter ständigem Rühren andünsten. Mit Flüssigkeit unter Rühren ablöschen, aufkochen und Käse unterrühren. Eigelb und Wasser verrühren, in die nicht mehr kochende Sauce rühren und mit Salz und Muskat abschmecken. Kartoffeln in Scheiben, Schinken in Würfel schneiden. Auflaufform einfetten und abwechselnd Kartoffeln, Spargel und Schinkenwürfel einschichten, als letzte Schicht Kartoffeln geben. Mit Sauce übergießen. Paniermehl und Käse überstreuen, Butterflöckchen darauf verteilen und backen. Kein Vorheizen! Auf Rost, mittlere Einschubleiste. Backen: 225-250 Grad ca. 5-10 Min. Bei Umluft: 30 Grad weniger

# Blumenkohl mit Chilikruste

\*

Ein Rezept von *Christel Heinrich*

Das Gericht kann als Beilage oder Hauptspeise serviert werden.

**Zutaten:**

1 Blumenkohl
1 Bund Petersilie
2 kl. rote Chilischoten
3 Scheiben Toastbrot
40 g Parmesan
60 g Butter
Salz
Fett für die Auflaufform

**Zubereitung:**

Den Blumenkohl zerteilen und 10 Min. in ¼ l Gemüsebrühe kochen. Die Petersilie, rote Chilischoten, Toastbrot und den Parmesan hacken bzw. zerkrümeln und reiben, alles mischen. Die Butter zerlassen und über die Masse geben und salzen.

Blumenkohl mit restlicher Gemüsebrühe in die Auflaufform geben und die Masse drübergeben.

Ofen auf 200 Grad vorheizen. Ca. 15 Min. überbacken, bis die Brösel goldbraun sind.

# Nudel-Sauerkraut-Gratin

\*

Ein Rezept von *Kathrin Schäfer*

Das Gericht kann als Hauptgericht oderals Beilage serviert werden.

## Zutaten:

250 g Buitoni-Tortiglioni
1 Zwiebel
1 EL Butter
1 Dose (300 g) Sauerkraut
800 ml Wasser
1 Becher (200 ml) süße Sahne

2 Beutel Maggi-Fix für Nudel-
Schinken-Gratin
100 g geriebener Käse

## Zubereitung:

Die Hälfte von den Buitoni-Tortiglioni in eine Auflaufform geben. 1 Zwiebel schälen, in Würfel schneiden und in 1 EL Butter in einem Topf glasig dünsten. 1 Dose Sauerkraut dazugeben und 5 Min. mitdünsten. Sauerkraut und Nudeln verteilen und restliche Nudeln drübergeben. 800 ml Wasser und 1 Becher süße Sahne in dem Topf erwärmen. 2 Beutel Maggi-Fix für Nudel-Schinken-Gratin einrühren, zum Kochen bringen und 1 Min. kochen. Die Sauce über die Sauerkrautnudeln gießen und mit 100 g geriebenem Käse bestreuen.

Im vorgeheizten Backofen bei 200 Grad ca. 30 Min. backen. Dazu Kasseler-Braten reichen.

Brennwert pro Portion ca.: 270 kJ (615 kcal)
Nährwerte pro Portion ca.: E: 18 g, KH: 56 g, F: 35 g

# Lauchröllchen

\*

Ein Rezept der *Metzgerei Picard*

Die angegebene Menge ist für ca. 4 Personen und kann auch als Hauptgericht serviert werden.

**Zutaten:**

| | |
|---|---|
| 8 Stangen Lauch | 2 cl Weißwein |
| ⅜ l Wasser | 4 cl Eierlikör |
| Prise Salz | Muskat |
| gekochter Schinken | 2 EL saure Sahne |
| 2 Päckchen weiße Sauce | 50 g geriebener Käse |

**Zubereitung:**

Von den 8 Stangen Lauch die Wurzeln und das harte Grüne abschneiden. Stangen halbieren, waschen und in ⅜ Liter Wasser mit einer Prise Salz dünsten. Jede Stange Lauch in 1 Scheibe gekochten Schinken einrollen. Alles in eine leicht gefettete Auflaufform geben.

Dazu eine Sauce aus folgenden Zutaten über den Lauch gießen: Den Rest des Kochwassers mit 2 P. weißer Sauce andicken, dazu 2 cl Weißwein, 4 cl Eierlikör, 2 EL saure Sahne, 50 g geriebenen Käse. Den Käse zum Schluss über dem gesamten Auflauf verteilen. Alles 35 Min. bei mittlerer Hitze im Backofen überbacken.

# Risi e bisi
# (Reis mit Käse und Parmesan)

\*

Ein Rezept von *Karin Paludi*

Die angegebene Menge ist für ca. 5-6 Personen und kann als Beilage serviert werden.

**Zutaten:**

300 g junge grüne Erbsen          300 g Reis
80 g Parmesankäse                 100 g Speck
40 g Butter                       1 kleine Zwiebel
1½ l Fleischbrühe

**Zubereitung:**

1 EL Öl, Butter mit klein geschnittenem Speck sowie Zwiebel in der Kasserolle anbraten. Erbsen dazugeben, kurz andünsten, mit Brühe aufgießen und zum Kochen bringen.

Reis dazugeben, mischen. Bei kleiner Flamme quellen lassen. Das Gericht vom Herd nehmen und mit etwas Parmesan und Petersilie (klein gehackt) mischen. Den restlichen Parmesankäse extra servieren.

# Knoblauch-Kartoffeln

\*

Ein Rezept von *C. S.*

Die angegebene Menge ist für ca. 2 Personen und kann als Beilage serviert werden.

Zutaten:

5 mittelgroße Kartoffeln
3 klein geschnittene Knoblauchzehen
Öl
Salz

Zubereitung:

Die Kartoffeln waschen und in ca. 2 cm dicke Scheiben schneiden. Mit Öl, Salz und Knoblauchzehen würzen.

Bei E-Herd 225 Grad, bei Heißluft 200 Grad ca. 40 Min. backen lassen.

# Gefüllte Tintenfische
# (Calamares)

*

Ein Rezept von *Ute Orth*

Das Gericht kann als Hauptspeise serviert werden.

## Zutaten:

8 Tintenfische mit Fangarmen (Calamares), 3 EL Öl,
1 Zwiebel, ¼ l kräftiger Rotwein, 30 g Rosinen

| | |
|---|---|
| Für die Füllung: | 1 Bund Petersilie, 4 Knoblauchzehen |
| | 1 altbackenes Brötchen |
| | 100 g mageres Kalbshack |
| | 1 Ei,    ¼ TL Oregano |
| | Salz, Pfeffer |
| | 50 g Pinienkerne |

## Zubereitung:

Tintenfische säubern, Rückgrat entfernen. Fangarme abschneiden
und klein hacken.
Für die Füllung: Petersilie und Knoblauch klein hacken. Brötchen
einweichen. Fangarme mit dem Hackfleisch, dem ausgedrückten
Brötchen, dem Ei, der Hälfte der Petersilie und des Knoblauchs sowie den Gewürzen und Pinienkernen vermischen. Calamares damit
füllen.
In einer großen Eisenpfanne die Tintenfische in Öl gut anbraten. In
einen Topf legen. In dem verbliebenen Öl die sehr fein gehackte Zwiebel und die restlichen Knoblauchzehen anbraten und weichdünsten,
mit Wein aufgießen. Brühwürfel in wenig Wasser auflösen und mit
den Rosinen und der restlichen Petersilie dazugeben, kurz aufkochen.

Über die Tintenfische gießen und im vorgeheizten Backofen bei ca. 250 Grad 30 Min. schmoren. An den Rand des Tontopfes geröstete Knoblauchbrote in die Sauce stellen.

# Marinierte Sardellen
# (Boquerones en Vinagre)

*

Ein Rezept von *Carmen Sakić*

Die angegebene Menge ist für ca. 4 Personen und kann als Vorspeise/kleiner Snack serviert werden.

## Zutaten:

| | |
|---|---|
| 200 g küchenfertige frische Sardellen | 1 Knoblauchzehe |
| 100 ccm Weißweinessig | Petersilie |
| Salz | 1 EL kaltgepresstes Olivenöl |
| Frisch gemahlener Pfeffer | Zahnstocher |

## Zubereitung:

Die Sardellen unter fließendem Wasser waschen und entgräten, dann trockentupfen. Sardellen in eine Schüssel geben und 12 Std. ruhen lassen. Die Sardellen mit Salz und Pfeffer würzen, auf einem Teller anrichten, die fein gehackte Knoblauchzehe und Petersilie darüber verteilen.

Die Fische mit Olivenöl beträufeln und mit Zahnstochern aufpicken.

# Norwegische Lachspaté

*

Ein Rezept von *Karin Seuring*

Die angegebene Menge ist für ca. 6 Personen und kann als Vorspeise angerichtet werden.

**Zutaten:**

| | |
|---|---|
| 300 g gek. Lachs oder Forelle | Dill, Zitronenmelisse, Estragon |
| 150 g Ziegenfrischkäse | Schnittlauch – klein hacken |
| 300 g Schmand | Salz |
| 150 g Apfelsaft | weißer Pfeffer |
| 4 EL Gelantine (gemahlen) | |

**Zubereitung:**

Ziegenkäse und Schmand verrühren. Lachs (Forelle) vorkochen, reinigen und mit den Kräutern zum Käse/Schmand dazu, vorsichtig mengen. Dann Essig und zum Schluss Gelantine im Apfelsaft auflösen und hinzutun. In eine kleine Brotform füllen und über Nacht kalt stellen.

Kann in Scheiben geschnitten werden und als Vorspeise auf Salat drapiert werden. Kann noch mit Kräutern und Krabben garniert werden.

Lecker mit Weißbrot oder Baguette.

# Würziges Fischragout

*

Ein Rezept von *L. G.*

Die angegebene Menge ist für ca. 4 Personen und kann als Hauptgericht serviert werden.

Kochen im „WOK"

**Zutaten:**

| | |
|---|---|
| 500 g Seelachsfilet | Salz, Pfeffer aus der Mühle |
| 1 EL Zitronensaft | 3 EL Meerrettich aus dem Glas |
| 500 g Möhren | 1 Gewürzgurke |
| 500 ml Hühnerbrühe | 1 Bund frischer Dill |
| 1 Lorbeerblatt | 1 Prise Zucker |
| 1 Stange Lauch | 2 EL Speisestärke |
| 4 EL Weißwein | |

**Zubereitung:**

Seelachsfilet in Würfel schneiden und mit Zitrone beträufeln. Möhren putzen, in Scheiben schneiden. Hühnerbrühe und Lorbeerblatt im „Wok" aufkochen. Möhren darin 8 Min. aufkochen. Lauch putzen und in Ringe schneiden, zu den Möhren geben. Speisestärke mit Wein verquirlen, in kochende Brühe geben. Alles einmal aufkochen. Mit Salz und Pfeffer würzen. Mit Meerrettich abschmecken. Seelachs in die Brühe geben. Im geschlossenen Wok bei schwacher Hitze 5-10 Min. gar ziehen lassen. Zuletzt gehackten Dill und die gewürfelte Gewürzgurke unter das Fischragout heben. Mit etwas Salz, Pfeffer und Zucker abschmecken.
Dazu reicht man Reis.

# Fischtopf aus Samos

\*

Ein Rezept von *Andrea Picard-Heinrich*

Die angegebene Menge ist für ca. 3 Personen und kann als Hauptgericht serviert werden.

**Zutaten:**

| | |
|---|---|
| 75 g Räucherspeck | 1 Ei |
| 1 Zwiebel | 3 EL saure Sahne |
| 1 grüne Paprika | Salz |
| Olivenöl | weißer Pfeffer |
| ¾ Tasse Reis | Muskatnuss |
| 1½ l Fleischbrühe | 2 Knoblauchzehen |
| 375 g Lachsfilet | |

**Zubereitung:**    (ca. 30 Minuten)

– Speck in Würfel schneiden
– Zwiebel schälen und würfeln
– Paprika waschen, entkernen und würfeln
– Öl im Topf erhitzen, Speck darin auslassen und dann die Zwiebel und Paprikawürfel darin anschwitzen
– Reis hinzugeben und mit Fleischbrühe aufgießen
– Alles 15 Min. im geschlossenen Topf bei mittlerer Hitze kochen lassen
– Lachs in Würfel schneiden, die Hälfte in einen Mixer geben
– Ei und saure Sahne hinzugeben und mit dem Mixer gut mischen und mit Salz, Pfeffer, Muskat würzen
– Knoblauch schälen, zerdrücken und zu der Fischmasse geben. Nun aus der Masse mit Teelöffeln kleine Nocken

formen. Die Nocken zusammen mit den Fischstückchen in den Topf geben und weitere 5 Min. bei schwacher Hitze ziehen lassen.

# Edelfische, in Knoblauchgemüse
## in der Pfanne serviert

*

Ein Rezept von *M. N.*

**Zutaten:**

250 g Lachsfilet
250 g Seeteufelfilet
250 g Steinbuttfilet
250 g Heilbuttfilet
4-8 Scampi, gesäubert und
geschält
ca. 100 g Butter

6 Stangen Lauch
4 Zwiebeln
6 Knoblauchzehen
1 Bund glatte Petersilie
Salz
Pfeffer
Mehl

**Zubereitung:**

Zwiebel schälen und in Würfel schneiden. Lauch waschen und in grobe, schräge Ringe schneiden. Knoblauchzehen schälen. Fische in ca. 5 cm große Stücke schneiden, in Mehl wenden.

Butter in einer großen Pfanne erhitzen und die Fische mit den Scampi von einer Seite anbraten, mit Salz und Pfeffer würzen. Das Gemüse hinzugeben und nochmals würzen. Fische und Scampi von der anderen Seite braten.

Sobald die Fische gar sind (nach 6-8 Min.) alles mit der gehackten Petersilie bestreuen. In der Pfanne servieren.

Beilage: geröstetes Weißbrot

# Zander auf Wurzelbett

\*

## Ein Rezept von *M. G.*

Die angegebene Menge ist für ca. 4 Personen und kann als Hauptgericht serviert werden.

## Zutaten:

| | |
|---|---|
| 5 Stangen Staudensellerie | Salz |
| 4 Möhren | Pfeffer |
| 2 große Zwiebeln | 1,2 kg bis 1,5 kg Zander, |
| 3 Stangen Lauch | ausgenommen und |
| 1 Tasse Weißwein | geschuppt |

## Zubereitung:

Gemüse in feine Streifen schneiden und damit den Boden eines Fischtopfes oder einer Fettpfanne auslegen, eine Tasse Wasser, Salz und Pfeffer zufügen und den leicht gesalzenen Fisch mit der Bauchunterseite auf das Gemüse betten.

Zander bei schwacher Hitze zugedeckt ca. 20 Min. garen lassen. Fisch herausnehmen, vorsichtig häuten und auf dem Gemüsebett zu Tisch bringen. Die im Topf angesammelte Brühe in Tassen zum Fisch servieren.

# Lachsroulade

\*

Ein Rezept von *Christel Heinrich*

Die angegebene Menge ist für ca. 8 Personen und kann als Hauptgericht serviert werden.

**Zutaten:**

Teig:
50 g Mehl
150 ml Milch
2 Eier
1 EL Öl

Füllung:
300 g Frischkäse
1 EL Meerrettich
3 EL Dill
¼ TL Salz
Cayennepfeffer
1 Becher Crème fraîche
200 g Räucherlachs
Salatblätter

**Zubereitung:**

Alle Zutaten für den Pfannkuchenteig mit dem Handrührgerät verrühren. Den Teig quellen lassen. Ein Backblech mit Backpapier auslegen, den Teig darauf streichen, im vorgeheizten Backofen bei ca. 225 Grad 12 Min. backen.

Für die Füllung Frischkäse mit Meerrettich, gehacktem Dill, Salz, Cayennepfeffer und Crème fraîche verrühren. Die gebackene Pfannkuchenplatte vom Blech ziehen und abkühlen lassen. Käsemasse auf Kuchenplatte streichen. Darauf den in dünne Scheiben geschnittenen Lachs legen. Die Kuchenplatte aufrollen und ca. 30 Min. im Kühlschrank durchkühlen lassen, danach in ½ cm dicke Scheiben schneiden und auf den Salatblättern anrichten.

# Rotbarschfilet

Die angegebene Menge ist für ca. 4 Personen und kann als Hauptgericht serviert werden.

## Zutaten:

| | |
|---|---|
| 600 g Rotbarschfilet | 80 g Kokosraspeln |
| 4 EL Zitronensaft | 6 EL Sojaöl |
| 2 Eier | 500 g Sojasprossen |
| 2 EL Milch | 250 ml chinesische |
| 80 g Mehl | süßsaure Sauce |
| Salz | 300 g TK-Erbsen |
| Pfeffer | |

## Zubereitung:

Fischfilets waschen, trockentupfen und mit Zitronensaft beträufelt kurz ziehen lassen.
Eier und Milch verquirlen. Mehl mit Salz und Pfeffer mischen. Fisch in Stücke schneiden, zuerst in Mehl, dann in Eiermilch, zuletzt in Kokosraspeln wenden. Panade andrücken.
Öl in einer beschichteten Pfanne erhitzen und die Fischteile darin unter gelegentlichem Wenden ca. 10 Min. goldgelb backen, dann herausnehmen.
Die Sprossen waschen und gut abtropfen lassen. Süßsaure Sauce im Bratfett erhitzen. Sprossen und tiefgefrorene Erbsen darin etwa 5 Min. schmoren. Fischstücke mit dem Gemüse auf vorgewärmten Tellern anrichten.

# Gemüse-Fisch-Gulasch

Die angegebene Menge ist für ca. 2 Personen und kann als Hauptgericht serviert werden.

## Zutaten:

| | |
|---|---|
| 100 g Langkornreis | etwas Zitronensaft |
| Salz | 1 EL heller Saucenbinder |
| 200 g Möhren | ½ Bund Zweige Dill |
| 100 g Zuckerschoten | ½ Bund Schnittlauch |
| 500 g Rotbarschfilet | Edelsüß-Paprika |
| Pfeffer | nach Belieben Zitronenscheiben |
| 4 EL Öl | und Dill zum Garnieren |
| ¼ l Gemüsebrühe (Instant) | 2 EL trockener Weißwein |
| 100 g Schlagsahne | |

## Zubereitung:

Reis in kochendes Salzwasser geben und bei schwacher Hitze ca. 20 Min. ausquellen lassen. Inzwischen Möhren putzen, waschen und in feine Stifte schneiden. Zuckerschoten putzen, waschen und abtropfen lassen. Fisch waschen, trockentupfen und in Stücke schneiden. Mit Salz und Pfeffer würzen. Öl in einer Pfanne erhitzen. Fisch darin bei mittlerer Hitze unter Wenden anbraten. Möhren in wenig kochendem Salzwasser ca. 5 Min. dünsten. Zuckerschoten nach ca. 2 Min. der Garzeit zufügen. Gemüse auf einem Sieb abtropfen lassen. Fisch aus der Pfanne nehmen. Bratfett mit Brühe und Sahne ablöschen. Aufkochen lassen. Mit Wein, Zitronensaft, Salz und Pfeffer abschmecken. Mit Saucenbinder andicken. Fisch und Gemüse in die Sauce geben und nochmals erwärmen. Dill und Schnittlauch waschen und trockenschütteln. Beides fein schneiden und zum Gulasch geben. Reis mit Paprika bestreuen und mit dem Fischgulasch auf einer kleinen Platte anrichten. Nach Belieben mit Dill und Zitronenscheiben garnieren.

# Schollenfilet à la „Renate"

\*

Ein Rezept der *Metzgerei Picard*

Die angegebene Menge ist für ca. 4 Personen und kann als Hauptgericht serviert werden.

## Zutaten:

| | |
|---|---|
| 600 g Schollenfilet | Muskat |
| (oder anderer Fisch) | ½ TL Senf |
| 300 g Broccoli | Zitronensaft |
| 3 Karotten | 2 Scheiben Frühstücksspeck |
| 300 g Pellkartoffeln | |
| 4 EL Reibekäse | |
| 10 EL Milch | |
| Salz, Pfeffer, Gewürzmischung | |

## Zubereitung:

Auflaufform fetten. Gesäuertes, gesalzenes Schollenfilet hineinlegen. Broccoli, Karotten putzen. Broccoli in Röschen, Karotten in Scheiben in wenig Salzwasser 5 Min. garen, auf ein Sieb schütten. Gemüse und in Scheiben geschnittene Kartoffeln um sowie über die Schollenfilets verteilen. Käse darüber streuen. Milch mit allen Gewürzen verquirlen und darüber geben. Frühstücksspeck darauf legen und im Ofen bei 200 Grad 15 bis 20 Min. überbacken.

Dazu passt grüner Salat.

# Buttermilchhuhn

\*

Ein Rezept von *Sabine Wagner*

Die angegebene Menge ist für ca. 2 Personen und kann als Hauptgericht serviert werden.

## Zutaten:

| | |
|---|---|
| 2 Hähnchenkeulen à 150 g | 2 rote Paprikaschoten |
| 125 ml Buttermilch | 1 Tasse Gemüsebrühe |
| Salz | Worcestersauce |
| Pfeffer aus der Mühle | 2 EL saure Sahne |
| Saft von ½ Zitrone | 1 EL Mehl |
| ½ Bund Schnittlauch | ½ Tasse gem. gehackte Kräuter |
| 1 TL Margarine | Basmatireis |
| 1 Zwiebel | |

## Zubereitung:

Die Keulen waschen, trockentupfen und in eine Schüssel legen. Die Buttermilch mit Salz, Pfeffer und Zitronensaft abschmecken und den fein geschnittenen Schnittlauch untermischen. Die Buttermilch über die Hähnchenkeulen gießen und das Ganze im Kühlschrank mindestens 3-4 Std. ziehen lassen. Die Keulen aus der Marinade in eine Form legen und im Ofen bei 180-200 Grad (vorgeheizter Backofen) 25-30 Min. garen.
Für die Sauce das Fett erhitzen und die gehackte Zwiebel darin glasig schwitzen. Die gewürfelten Paprikaschoten zur Zwiebel geben und kurz mitschwitzen. Die Brühe und die Buttermilch angießen und aufkochen lassen. Die Sauce würzen und mit saurer Sahne verfeinern. Die Sauce gut durchkochen, evtl. mit Mehl binden.
Die Keulen anrichten, mit der Sauce überziehen, mit gehackten Kräutern bestreuen. Den gegarten Reis dazugeben und servieren.

# Hähnchen-Kokos-Ragout mit Ananas

\*

Ein Rezept von *Sabine Wagner*

Die angegebene Menge ist für ca. 3-4 Personen und kann als Hauptgericht serviert werden.

## Zutaten:

| | |
|---|---|
| 4 Hähnchenbrustfilet (600 g) | 400 ml Kokosmilch |
| 2 EL Sojasauce | ⅛ l Geflügelbrühe |
| 1 Dose Ananasstücke (260 g) | ½ TL Sambal Oelek |
| 2 EL Öl | 1 EL Limetten- oder |
| Chinagewürz, Curry | Zitronensaft |
| Basmatireis | |

## Zubereitung:

Fleisch in Streifen schneiden und mit Sojasauce beträufeln. Ananas abtropfen lassen und in Stücke schneiden. Fleisch in heißem Öl ca. 3 Min. braten und mit Chinagewürz würzen.

Mit ca. 1 TL Curry bestäuben. Kokosmilch und Brühe aufgießen, aufkochen und ca. 5 Min. köcheln lassen.

Sambal Oelek, Limettensaft und Ananas unterrühren. Abschmecken und nach Wunsch binden.

Basmatireis als Beilage

# Schweinefilet im Römertopf

\*

Ein Rezept von *Birgit Ludwar*

Die angegebene Menge ist für ca. 4 Personen und kann als Hauptgericht serviert werden.

**Zutaten:**

| | |
|---|---|
| 500 g Schweinefilet | etwas Thymian, Rosmarin, |
| 250 g Tomaten | Salbei |
| 250 g Champignons | 1 Tasse saure Sahne |
| 200 g gekochter Schinken | Salz, Pfeffer |
| 2 Knoblauchzehen | Butter, Ketchup |

**Zubereitung:**

Schweinefilet in Scheiben schneiden, salzen und pfeffern. Gehäutete Tomaten in Scheiben, Champignons in Würfel schneiden, mischen. Gewässerten Römertopf mit Schinkenstreifen auslegen, darauf lagenweise Filet, Tomaten, Pilzmischung geben. Mit Schinken abdecken.

Saure Sahne mit gepreßtem Knoblauch, Ketchup und Kräuter mischen und darüber gießen. Mit Butterflöckchen belegen. Im Ofen bei 225 Grad ca. 60 Min. garen. Sauce evtl. etwas binden.

# Schnitzelpfanne

\*

Ein Rezept von *Alexandra Atzenböck*

Die angegebene Menge ist für ca. 4-5 Personen und kann als Hauptgericht serviert werden.

**Zutaten:**

| | |
|---|---|
| 8-10 Schnitzel | 1 Becher süße Sahne |
| 250 g gekochter Schinken | 1 Becher saure Sahne |
| 8-10 kleine Zwiebeln | frische Champignons |
| 2 Becher Crème fraîche | und Kräuter |

**Zubereitung:**

- Gekochten Schinken und Zwiebeln würfeln
- Pilze in Scheiben schneiden, zusammen andünsten
- Schnitzel anbraten, klein schneiden und würzen
- Alles zusammen im Bräter o. ä. schichten
- Crème fraîche und Sahne verrühren und darüber geben
- 24 Std. ziehen lassen und kühl stellen
- In den kalten Backofen geben
  und 1½ Stunden bei 200 Grad backen.

Guten Appetit!

# Kasseler überbacken

*

Ein Rezept von *Annette Neuenkirch*

Die angegebene Menge ist für ca. 4 Personen und kann als Hauptgericht serviert werden.

## Zutaten:

| | |
|---|---|
| 700 g rohes Kasseler ohne Knochen | 1 EL Butter |
| 2 Gläser trockener Weißwein | 2 EL Mehl |
| 1 rote und 1 grüne Paprikaschote | ½ Tasse Tomatenpüree |
| 1 Zwiebel | Salz und Pfeffer |
| 1 Stange Lauch | Majoran und Basilikum |
| 200 g Champignons | |
| 100 g geriebener Emmentaler Käse | |

## Zubereitung:

1. Fleisch in Weißwein dünsten (nicht kochen lassen), danach im Wein abkühlen (Garzeit zwischen 30 und 40 Min.).
2. Paprikaschoten entkernen, in Streifen schneiden und zusammen mit gehackter Zwiebel, Lauchringen und ganzen Champignons in Butter braten, mit Mehl bestäuben, Tomatenpüree und Wein zugeben, mit Salz, Pfeffer und Gewürzen abschmecken.
3. Fleisch in Scheiben schneiden und in feuerfeste Form legen, Gemüsemischung darüber verteilen und alles mit geriebenem Käse bestreuen.
4. Alles im vorgeheizten Backofen bei 220 Grad (Heißluft 200 Grad) überbacken, bis der Käse goldbraun ist.

Vorbereitungszeit: ca. 15 Min.
Kochzeit: ca. 45-60 Min.

# Balkanplatte mit Curryreis

*

Ein Rezept von *Kurt Dechert*

Die angegebene Menge ist für ca. 4 Personen und kann als Hauptgericht serviert werden.

**Zutaten:**

| | |
|---|---|
| 4 Schweinemedaillons | Für Curryreis: |
| 4 Scheiben Dörrfleisch | 200 g Reis |
| 4 kleine Rumpsteaks | 1 EL Schmalz |
| 2 Zwiebeln | ¾ l Fleischbrühe |
| 1 kl. Dose Prinzessbohnen | 1 Zwiebel |
| 1 kl. Dose Champignons | 3 TL Curry |
| 2 EL Griebenschmalz | Salz |
| Salz, Pfeffer, Paprika | |

**Zubereitung:**

Schmalz in der Pfanne erhitzen. Zwiebelringe glasig anrösten und entnehmen. Das gewürzte Fleisch gut anbraten.

Curryreis: Schmalz erhitzen, klein geschnittene Zwiebel mit dem Reis anrösten und mit Fleischbrühe auffüllen, mit Curry und etwas Salz würzen. Den Topf verschließen, in den Backofen stellen und bei schwacher Hitze ausquellen lassen.

Prinzessbohnen mit etwas Salz erhitzen, Champignons mit etwas Schmalz erhitzen.

Auf einer ovalen Platte Curryreis mit dem Fleisch, den Zwiebelringen, Bohnen und Champignons anrichten.

# Zarte Filetspitzen „Russische Art"

*

Ein Rezept von *L. G.*

Die angegebene Menge ist für ca. 4 Personen und kann als Hauptgericht serviert werden.

## Zutaten:

| | |
|---|---|
| 200 g Zwiebeln | 20 g Butter |
| 300 g Champignons | ⅜ l Fleischbrühe |
| 2 Gewürzgurken (150 g) | 1 EL Mehl |
| 1 EL Senfpulver | Salz und Pfeffer (Mühle) |
| 1½ TL Zucker | Zitronensaft |
| Salz | 1 Becher saure Sahne (150 g) |
| 1-2 EL heißes Wasser | gehackte Petersilie |
| 600 g Rinderfiletspitzen | |
| 20 g Butterschmalz | |

## Zubereitung:

1. Gemüse schneiden! Zwiebeln und Pilze in dünne Scheiben schneiden. Gewürzgurke würfeln.
2. Senfpulver mit heißem Wasser anrühren. 15 Min. ziehen lassen.
3. Rinderfilet in dünne Streifen schneiden, in Butterschmalz 3 Min. kräftig anbraten. Fleisch aus der Pfanne nehmen.
4. Butter in Bratfett geben, Gemüse darin 5 Min. dünsten. Mit Mehl bestäuben, umrühren, mit Brühe ablöschen. Senfpaste unterrühren. Mit Zitronensaft abschmecken. 5 Min. leicht köcheln lassen. Saure Sahne kurz vor dem Servieren unterrühren. Zuletzt gehackte Petersilie unterheben. Dazu Spätzle.

# Kräuterbrathähnchen

*

Ein Rezept von *Iris Emge*

Die angegebene Menge ist für ca. 2 Personen und kann als Hauptgericht serviert werden.

## Zutaten:

| | |
|---|---|
| 1 Brathähnchen (ca. 1,5 kg) | 600 g gelbe Kartoffeln |
| 4 TL flüssige Butter | schälen und vierteln |
| Salz | 500 g Möhren in dicken |
| 1 kl. Zwiebel in dicken Scheiben | Scheiben |
| ¼ Bund Petersilie | 2 kl. Zwiebeln vierteln |
| 1 Zweig Liebstöckel | 100 ml Wasser |
| 2 Zweige Thymian | |

## Zubereitung:

Ofen auf 250 Grad vorheizen. Hähnchen abspülen und trocknen. Butter mit ½ TL Salz verrühren. Das Hähnchen innen und außen damit bestreichen. Zwiebelscheiben und gemischte Kräuter in die Bauchhöhle des Hähnchens füllen, Kartoffeln, Möhren und Zwiebelviertel in einem Bräter mischen. Mit Salz würzen und das Wasser hinzufügen. Das gefüllte Hähnchen mit der Brust nach unten auf die Kartoffel-Gemüse-Mischung setzen. Das Hähnchen etwa 10 Min. braten (Umluft 230 Grad, Gas 5). Die Temperatur auf 225 Grad runter (Gas 4, Umluft 200 Grad). Das Hähnchen auf jeder Seite 20 Min. braten. Die Temperatur auf 175 Grad, Gas 2, Umluft 150 Grad reduzieren. Das Hähnchen weitere 45 Min. braten, bis die Haut knusprig ist.

Das Hähnchen ist gar, wenn beim Einstechen der Keule klare Brühe austritt. Das Gericht aus dem Ofen nehmen und das Hähnchen mit dem Gemüse servieren.

# Wildfrikadellen

*

Ein Rezept von *M. R.*

Die angegebene Menge ist für ca. 4 Personen und kann als Hauptgericht serviert werden.

## Zutaten:

150 g Wildfleisch, gehackt
150 g durchwachsener Speck, sehr fein gewürfelt
3 Kartoffeln, gekocht
Petersilie (½ Bund, fein gehackt)

Frühstücksspeck (8 Scheiben)
evtl. 250 g Champignons
Olivenöl zum Braten
Salz
Pfeffer

## Zubereitung:

Gehacktes Wildfleisch in eine Schüssel geben. Sehr fein gewürfelten Speck dazufügen, gekochte Kartoffeln reiben und ebenfalls zum Fleisch geben. Petersilie fein hacken, zugeben. Alles zu einem Teig verkneten und mit Salz und Pfeffer würzen.

Aus dem Fleischteig mit angefeuchteten Händen 4 Frikadellen formen und in je 2 Speckscheiben über Kreuz einwickeln.

Zusammen mit den geputzten Pilzen, wer diese dazu essen möchte, in heißem Olivenöl 15 Min. braten.

# Roulade mit Mozzarella

*

Ein Rezept von *Anja Hering*

Die angegebene Menge ist für ca. 4 Personen und kann als Hauptgericht serviert werden.

**Zutaten:**

4 Rouladen
50 g Speck oder Parmaschinken
(dünne Scheiben)
Salz, Pfeffer
2 Mozzarella
½ Bund frisches Basilikum,
Rosmarin und Petersilie

1 Zwiebel
1 Tube Tomatenmark
1 EL Zitronensaft
¼ l Fleischbrühe
½ l trockener Rotwein
Olivenöl
4 Knoblauchzehen

**Zubereitung:**

1.  Fleisch trockentupfen, salzen und pfeffern.
2.  Basilikum, Rosmarin und Petersilie waschen und klein hacken, Knoblauch schälen und in Scheiben schneiden, Mozzarella abtropfen lassen, würfeln, Zwiebel schälen und ebenfalls würfeln.
3.  Speck bzw. Schinken und Knoblauch sowie die gehacktenKräuter auf die Rouladen verteilen, Mozzarella darüber streuen und aufrollen, mit Klammern oder Holzspießchen zustecken.
4.  Öl in einem Schmortopf erhitzen und die Rouladen von beiden Seiten kräftig braun anbraten. Fleisch herausnehmen und warm stellen. Im Bratfett gehackte Zwiebel andünsten. Rouladen wieder in den Topf geben und mit dem Gemisch aus Fleisc brühe, Zitronensaft und Tomatenmark etwas aufgießen, sodass die Rouladen zu ¾ bedeckt sind. Aufkochen lassen

und etwas Rotwein zugeben. Bei geschlossenem Deckel ca. 1½ Std. köcheln lassen. Nach und nach restlichen Rotwein und restliche Flüssigkeit zugießen. Die Sauce soll sämig einkochen, evtl. zum Schluss bei offenem Deckel köcheln lassen.

Dazu beliebige Nudeln servieren.

Zubereitungszeit: ca. 2 Std.

Guten Appetit!

# Kasselerbraten mit Zwetschgen in Rotweinsauce

\*

Ein Rezept von *Gisela Kern*

Die angegebene Menge ist für ca. 4 Personen und kann als Hauptgericht serviert werden.

**Zutaten:**

| | |
|---|---|
| 1 kg Kasseler (ger.) | 5 Thymianzweige |
| ohne Knochen | (oder getrocknet) |
| Pfeffer | 80 g Mandelstifte |
| 400 g Backpflaumen | 400 ml Rotwein |
| 300 g Schalotten | 4 EL Creme double |
| 50 g Butterschmalz | 3 TL Saucenbinder (hell) |

**Zubereitung:**

Zwetschgen halbieren. Schalotten klein schneiden. Butterschmalz erhitzen. Fleisch rundherum braun anbraten. Schalotten zufügen, ebenfalls anbraten. Zwetschgen, Thymian, Mandelstifte und Rotwein in den Topf geben und alles zugedeckt ca. 60 Min. schmoren lassen. Braten nach 30 Min. wenden. Fleisch warm stellen.
Creme double und Saucenbinder in den Fond rühren, aufkochen und mit Pfeffer würzen.
Dazu passt: handgemachte Spätzle und Gemüse der Jahreszeit.
Ich schneide das Fleisch und lege alles in eine feuerfeste Form. Es lässt sich gut einfrieren (Erwärmen in der Mikrowelle).

# Lendenzopf mit Gemüsetagliatelle in Basilikum-Rahm-Sauce

*

Ein Rezept von Jeanette Mey

Die angegebene Menge ist für ca. 2 Personen und kann als Hauptgericht serviert werden.

**Zutaten:**

| | |
|---|---|
| 1 Lende (Schwein), ca. 400 g | 1 große Kartoffel |
| 1 Zwiebel | 1 Lauch |
| 1 Knoblauchzehe | ca. 10 Blätter Basilikum |
| 3 EL Thomy-Sonnenblumenöl | 1 Becher Sahne |
| 2 Karotten | 1 EL Maggi (Gourmet- |
| 1 Zucchini | Bouillon-Gemüse) |
| Salz, Pfeffer, Curry | |

**Zubereitung:**

Die Lende waschen, panieren und in 3 Streifen schneiden und zu einem Zopf flechten, mit 2 Zahnstochern oben und unten fixieren, mit Curry und Pfeffer würzen. 2 EL Öl in einer Pfanne heiß werden lassen und den Lendenzopf beidseitig scharf anbraten, die fein gewürfelte Zwiebel und den Knoblauch dazugeben und goldbraun werden lassen. Den Lendenzopf im Backofen nachziehen lassen und den Bratenfond mit Sahne ablöschen und 1 TL Gemüsefond hinzufügen und reduzieren lassen.

Basilikumblättchen fein schneiden und zur Sauce geben. Karotten, Zucchini, Kartoffeln mit dem Sparschäler in Streifen schneiden. Lauch in Streifen schneiden und mit 1 EL Öl 4 Min. dünsten, mit Wasser und Gourmet-Bouillon-Gemüse (Maggi) aufgießen und weitere 5 Minuten kochen lassen. Abgießen, auf 2 Tellern anrichten und mit Pfeffer aus der Mühle würzen. Lendenzopfteile auf den Gemüsenudeln anrichten, etwas salzen und pfeffern und mit der Basilikumsauce servieren.

# Zitronenhühnchen-Mediterran

\*

Ein Rezept von *K. M.*

Die angegebene Menge ist für ca. 4 Personen und kann als Hauptgericht serviert werden.

**Zutaten:**

| | |
|---|---|
| 1 Hühnchen | 5 TL Kräuter der Provence |
| 12 mittelgroße Kartoffeln | etwas Öl |
| 6 Zwiebeln | Salz |
| 1-2 Knoblauchzehen | Pfeffer |
| 3 Zitronen | |
| Schmand | |

**Zubereitung:**

Hühnchen in ca. 10 Teile zerteilen. Kartoffeln gründlich waschen. Zwiebeln häuten und vierteln.

Backblech mit Öl einpinseln und alle Zutaten (Hähnchen, Kartoffeln und Zwiebeln) darauf legen.

1 Zitrone auspressen, darüber gießen, Knoblauch pressen und in Achtel geschnittene Zitronen dazwischen legen.

Kräuter darüber streuen und mit Salz und Pfeffer würzen.

Blech bei 200 Grad für ca. 45 Min. in den Ofen geben.

Das Blech kann gleich so serviert werden. Den Schmand reicht man für die Kartoffeln.

Schmeckt auch mit Gemüse: z. B. mit grünen Bohnen.

# Eingelegte Lauchschnitzel

*

Ein Rezept von *Ingrid Windhäuser*

Die angegebene Menge ist für ca. 8 Personen und kann als Hauptgericht serviert werden.

## Zutaten:

| | |
|---|---|
| 400-500 g Dörrfleischwürfel | Fett für die Form |
| 3 mittelgroße Zwiebeln | 3 mittelgroße Stangen Lauch |
| 500 g Champginons | 300 g Crème fraîche |
| 400-500 g Gouda-Käse | 400 g Schlagsahne |
| 8 Putenschnitzel (à 150 g) | 2 Päckchen Jägersoße für je |
| (kann man auch mit | ¼ Liter |
| Schweinelende machen) | |
| Salz, weißer Pfeffer, | |
| Edelsüß-Paprika | |

## Zubereitung:

Zwiebel schälen, fein würfeln. Pilze putzen, waschen und in Scheiben schneiden. Dörrfleisch knusprig braten. Zwiebeln und Pilze zugeben und goldgelb dünsten. Käse reiben. Fleisch mit Salz, Pfeffer und Paprika würzen und in eine gefettete Auflaufform (ca. 45 cm lang) legen. Erst Käse, dann Zwiebel- und Pilzmasse darauf verteilen. Lauch putzen, waschen, in Ringe schneiden, auf der Pilzmasse verteilen. Crème fraîche, Sahne und Jägersauce mit dem Schneebesen verrühren und darüber gießen. Alles zugedeckt. Ca. 24 Stunden kalt stellen.
Am nächsten Tag im vorgeheizten Backofen (E-Herd 175 Grad, Umluft 150 Grad) 50-60 Min. garen.

Dazu schmeckt: Spätzle oder Kroketten.

# Putenschnitzel „Italienische Art"

\*

### Ein Rezept von *Andrea Greiser*

Das Gericht kann als Hauptspeise serviert werden.

**Zutaten:**

2 Becher süße Sahne
1 Becher Crème fraîche mit Kräuter
1 P. Tomatensuppe
½ Tasse Wasser mit ½ Brühwürfel
oder Suppenpulver (Menge nach Geschmack)
Pfeffer, evtl. ital. Kräuter
Mozzarella-Käse

**Zubereitung:**

Die Putenschnitzel mit Salz und Pfeffer würzen (große Schnitzel
eventuell halbieren). In eine gefettete Auflaufform geben.
Zutaten in einer Schüssel verrühren und über die Schnitzel geben
(kann auch schon einen Tag vorher zubereitet werden).

Zugedeckt bei ca. 175 Grad ca. 30-40 Min. backen.

Dann eine Scheibe Tomate darauf, eine Scheibe Mozarella-Käse auf
der Masse verteilen und nochmals ca. 10 Min. überbacken,
bis der Käse verlaufen ist.

# Riesenroulade in Rotwein

\*

Ein Rezept von *Rita Scherer-Jung*

Die angegebene Menge ist für ca. 4 Personen und kann als Hauptgericht serviert werden.

**Zutaten:**

| | |
|---|---|
| 2 große Rinderrouladen | Pfeffer |
| 1 große Schweinelende | Salz |
| 3-4 Zwiebeln | Öl oder Ähnliches |
| 3-4 Gewürzgurken | 1 Glas Rotwein |
| 2 hart gekochte Eier | Wasser |
| frische Petersilie (einige Stengel) | Bratensauce oder |
| etwas Basilikum | Bratenfond (Glas) |
| etwas Paniermehl | Saucenbinder, braun |

**Zubereitung:**

1 Zwiebel, 1 Gurke klein hacken, 2 Eier klein hacken, nach Belieben Petersilie klein hacken. Aus den Zutaten eine feste Masse herstellen, mit Pfeffer, Salz und etwas Basilikum würzen und mit Paniermehl binden. Fleisch mit Pfeffer und Salz würzen, Rouladen dicht nebeneinander legen. Fertige Masse aufstreichen und Schweinelende quer auflegen. Roulade aufrollen und mit Rouladennadeln oder Bindfaden befestigen. Fett erhitzen und Roulade scharf anbraten. Restliche Zwiebeln und Gurken grob klein schneiden und dazugeben, mit Rotwein und Wasser ablöschen. Ca. 50-60 Min. schmoren lassen. Roulade herausnehmen, etwas auskühlen lassen. Befestigungsmaterial entfernen. Roulade in Scheiben schneiden. Sauce passieren, mit Bratensauce oder Bratenfond abschmecken, mit Saucenbinder binden. Roulade schmeckt auch kalt ausgezeichnet.
Guten Appetit!

# Kammbraten auf Salzbett

*

Ein Rezept von *A. Kühn*

Die angegebene Menge ist für ca. 6-8 Personen und kann als Hauptgericht serviert werden.

**Zutaten:**

2 kg Kammbraten ohne Knochen
1 kg Salz, keine anderen Gewürze

**Zubereitung:**

Das Salz auf dem Backblech (mit Backpapier auslegen) anhäufen.

Ca. 1¾-2 Std. bei 180-200 Grad Umluft backen, bis der Braten braun und knusprig ist. Vor dem Anschneiden ca. 10 Min. ruhen lassen.
Dazu passt gut Kartoffelsalat oder Kartoffelgratin

# Schweinemedaillonsin Pfeffer-Salbei-Sauce

\*

## Ein Rezept von *U. D.*

Die angegebene Menge ist für ca. 4 Personen und kann als Hauptgericht serviert werden.

**Zutaten:**

| | |
|---|---|
| 1 Schweinefilet | 200 ml Wasser |
| 12 Salbeiblätter | zerstoßener Pfeffer oder |
| 1 Tomate | Pfeffersaft |
| 1 Kugel Mozzarella (125 g) | |

**Zubereitung:**

Schweinefilet waschen und trockentupfen und in Scheiben schneiden, würzen. Salbeiblätter waschen, trockenschütteln, Öl heiß werden lassen und die Salbeiblätter kurz frisieren. Herausnehmen und auf Küchenkrepp abtropfen lassen. Im Bratfett Schweinemedaillons von beiden Seiten ca. 5 Min. anbraten, herausnehmen. Tomaten waschen und in Würfel schneiden, im Fett andünsten. Wasser zugießen, Pfeffer dazugeben und zum Kochen bringen. Ca. 5 Min. später die Medaillons zugeben. Mozzarella in Scheiben schneiden und auf den Medaillons verteilen. Bei geschlossenem Deckel den Mozzarella schmelzen lassen und Salbeiblätter darauf geben.

# Partyrouladen

*

Ein Rezept von *Maria Gottstein*

Die angegebene Menge ist für ca. 4 Personen und kann als Hauptgericht serviert werden.

## Zutaten:

| | |
|---|---|
| 4 Rinderrouladen | 1 Tasse Sauerkraut |
| 4 kleine Nürnberger Bratwürste | 50 g Mehl |
| 4 kleine Zwiebeln | ¼ l Sangria |
| 4 Scheiben Dörrfleisch | ¼ l Bratensauce |
| 4 TL scharfer Senf | etwas Bindfaden oder |
| 1 TL Paprika | Holzspießchen |

## Zubereitung:

Rouladen salzen, pfeffern und dann mit einem Teelöffel scharfen Senf einstreichen, mit etwas Paprika bestreuen. Die Speckscheiben der Länge nach darauf legen, quer darauf die Bratwurst geben und mit den in feine Scheiben geschnittenen Zwiebeln und einem Teil Sauerkraut bedecken, von links nach rechts binden, kurz in Mehl wenden und scharf anbraten.

In einem Topf werden die abgeschmeckte Bratensauce und Sangria zusammen erhitzt. Wenn alle vier Rouladen eine knusprige Farbe haben, werden sie in diese Sauce gegeben und ca. 30 Min. gekocht.

# Deftige kleine Kartoffelklöße mit „Gerösteten"

\*

Ein Rezept von *Ulrich Heimann*

Die angegebene Menge ist für ca. 2-3 Personen und kann als Hauptgericht serviert werden.

**Zutaten:**

750 g Kartoffelkloßteig oder
1 P. à 12 Knödel (halb und halb)
100 g Fleischwurst (Picard)
100 g Fleischkäse/Leberkäse (Picard)
50 g Dörrfleisch (Picard)
1 große Zwiebel
1-2 EL Margarine/Butter
Salz, Pfeffer aus der Mühle

**Zubereitung:**

Klöße: Rohen Kloßteig mit geriebenem Muskat würzen, Masse verkneten und in <u>kleine</u> längliche und runde Klöße formen. In das kochende Salzwasser geben, ca. 8-10 Min. ohne Deckel im Kochtopf köcheln lassen.
Fleischzugabe: Mit 1-2 EL Butter/Margarine entpellte Fleischwurst/Leberkäse, Dörrfleisch in Würfel oder Scheiben schneiden, in Bratpfanne langsam bräunen, in Scheiben geschnittene Zwiebel kurz vor Ende der Bratzeit zugeben und hellbraun fertig braten. Zum Ablöschen der Fleischpfanne 1 Schöpflöffel Kloßwasser zugeben, verrrühren und in die inzwischen abgesiebten Klöße kippen. Alles umrühren und mit Salz und Pfeffer aus der Mühle nochmals abschmecken.

# Hähnchenpfanne „Rosmarin"

\*

Ein Rezept von *Ch. K.*

Das Gericht kann als Hauptspeise serviert werden.

**Zutaten:**

| | |
|---|---|
| Hähnchenschenkel | Gewürzmischung 3 (Maggi) |
| Öl | Rosmarin |
| Salz | Kartoffeln |
| Pfeffer | kleine Zwiebeln |
| Knoblauch | |

**Zubereitung:**

Hähnchenschenkel in Öl wälzen, mit Salz, Pfeffer, Knoblauch, Gewürzmischung 3 und reichlich Rosmarin (Nadeln waschen und etwas klein schneiden) würzen.

In eine geölte Form legen. Dann kleine geschälte Kartoffeln und kleine Zwiebeln (auch etwas würzen) zwischen das Fleisch legen. Ca. 1 Std. im Ofen bei 200 Grad braten.

Dazu Salat, eventuell noch Baguette.

# Kalbsbraten oder Brust ohne Knochen mit Rahmsauce

\*

Ein Rezept von *Ulrich Heimann*

Die angegebene Menge ist für ca. 4 Personen und kann als Hauptgericht serviert werden.

## Zutaten:

| | |
|---|---|
| 750 g Kalbsbraten oder -brust | 3 EL Dosenmilch |
| (ohne Knochen) | 2 EL Rahmsauce (Maggi/ |
| 100 g ger. Dörrfleisch | Knorr) |
| 2 Zwiebeln | 1 Zitrone (unbehandelt) |
| 2 EL Butterschmalz | Paprika (edelsüß) |
| ½ Becher Crème fraîche | Worcestershiresauce |
| Rosmarin | Salz |
| Thymian | Pfeffer aus der Mühle |
| 1 Knoblauchzehe | |

## Zubereitung:

Kalbsbraten oder Brust ohne Knochen mit Rosmarin und Thymian reichlich würzen sowie Salz und Pfeffer und Paprika (edelsüß). Braten mit Butterschmalz von allen Seiten scharf anbraten. Gewürfeltes Dörrfleisch, 2 Zwiebeln vierteln und 1 Zehe Knoblauch zugeben. Bei Anbraten des Fleisches etwas Wasser zugeben, umrühren, das mehrmals wiederholen (Bratensaftbildung). Nach 30 Min. Schmorzeit mit ¼ Liter Wasser aufgießen und noch 1 Std. schmoren lassen. Fertiges Fleisch herausnehmen und den Bratensaft mit 2 EL Dosenmilch, ½ Becher Crème fraîche und dem Saft einer ½ Zitrone dazugeben. Mit 2-3 Spritzern Worcestershiresauce abschmecken. Mit 2 gehäuften EL Rahmsauce (Maggi/Knorr) nochmals alles kurz zum Kochen bringen.

# Schweinemedaillons in Paprikasahne

\*

Ein Rezept von *Gabi Picard*

Die angegebene Menge ist für ca. 3-4 Personen und kann als Hauptgericht serviert werden.

**Zutaten:**

| | |
|---|---|
| ½ l Schlagsahne | 2 EL Tomatenmark |
| 1 EL Paprika (edelsüß) | evtl. auch Champignons |
| 12 Sch. Frühstücksspeck | dazu: Baguette oder Nudeln |
| 12 Sch. Schweinefilet | Grüner Salat |
| Salz, Pfeffer | |

**Zubereitung:**

Sahne und Paprika einkochen lassen, mit Tomatenmark binden. Filet mit Speck umwickeln und in eine gefettete Auflaufform setzen.

Sahne darüber gießen, mit Salz und Pfeffer würzen. Im vorgeheizten Backofen (225 Grad) ca. 30 Min. garen.

Einfach, schnell – super-lecker!

# Spessartvögel

*

Ein Rezept von *Renate H.*

Die angegebene Menge ist für ca. 4 Personen und kann als Hauptgericht serviert werden.

**Zutaten:**

| | |
|---|---|
| 4 Schnitzel a. d. Oberschale, dünn und groß vom Schwein | 0,5 l Fleischbrühe, kräftig |
| Margarine, Mehl | 1 Becher Schlagsahne |
| 4 Holzspieße (Zahnstocher) | 4 Knobi-Zehen |

Füllung:
200 g Kochschinkenwürfel
3-4 kl. Zwiebeln, gewürfelt
200 ml Tomatenketchup
Salz, Pfeffer, Petersilie (gehackt)

**Zubereitung:**

Füllung: Zwiebel anbraten, Schinkenwürfel, etwas Fleischbrühe und Ketchup dazu. Mit Salz und Pfeffer abschmecken. Petersilie zum Schluss dazu.
Schnitzel klopfen und die Füllung darauf verteilen. Rollen und mit Holzspieß feststecken.
Auflaufform mit Margarine ausreiben und Schnitzel hinein. Fleischbrühe und Knobi dazu. Ca. 1¼ Std. in den Backofen bei 160 Grad.
Sahne mit Mehl im Schüttelbecher mischen und zum Fleisch geben. Noch mal 10-15 Min. in den Ofen. Fertig.

Guten Appetit!

# Hähnchen auf Reis

\*

Ein Rezept von *Inge Kemmerer*

Die angegebene Menge ist für ca. 4 Personen und kann als Hauptgericht serviert werden.

**Zutaten:**

12 EL Langkornreis                ¾ l Fleischbrühe
1 große Zwiebel
etwas Tomatenmark
4 gewürzte Hähnchenschenkel        Öl für die Auflaufform

**Zubereitung:**

- eine Auflaufform mit Öl einfetten (gut bedeckt)
- den Reis hineingeben
- die klein geschnittene Zwiebel dazugeben
- die gewürzten Hähnchenschenkel oben auf den Reis legen
- die Brühe mit dem Tomatenmark verrühren und darüber gießen
- im vorgeheizten Backofen bei 200 Grad 40-60 Min. backen

- Einfach – schnell – gut!

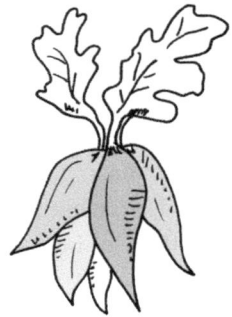

# Toskanischer Schweinebraten

\*

Ein Rezept von *K. P.*

Das Gericht kann als Hauptgericht serviert werden.

**Zutaten:**

| | |
|---|---|
| 1 kg Schweinerücken | etwas Rosmarin (Nadeln) |
| 30 g Butter | einige Salbeiblätter |
| 1 Knoblauchzehe | Pfeffer, Salz, Muskat |
| ½ Zwiebel | 1/10 l Weißwein (trocken) |

**Zubereitung:**

Fleisch mit Pfeffer, Salz und Muskat würzen. Rosmarin, Salbei, Zwiebeln und Knoblauch klein hacken und in Butter andünsten. Fleisch dazugeben und von allen Seiten gut anbraten. Mit Wein ablöschen.

Im vorgeheizten Backofen bei 150 Grad ca. 30 Min. braten, öfter mit Fond übergießen.

Sauce durch ein Sieb streichen und extra reichen. Dazu schmeckt gedünsteter Mangold.

# Schweinerückensteaks „Bella Italia"

*

### Ein Rezept der Metzgerei Picard

Die angegebene Menge ist für ca. 4 Personen und kann als Hauptgericht serviert werden.

**Zutaten:**

6-8 fingerdicke Scheiben vom
Schweinerücken
Crème fraîche oder Schmand
Pfeffer, Salz, Oregano, Thymian
etwas Olivenöl
(Gorgonzola, Gambozola)

Röstzwiebeln
Tomatenscheiben
frisch gehackter Salbei
Blauschimmelkäse

**Zubereitung:**

6-8 fingerdicke Scheiben vom Schweinerücken schneiden und halbieren (3-4 halbe Steaks pro Person). Über Nacht in eine Marinade aus Crème fraîche oder Schmand, Pfeffer, Salz, Oregano, Thymian und etwas Olivenöl einlegen. Am nächsten Tag eine Auflaufform mit den Steaks auslegen und mit der Marinade übergießen, bis das Fleisch gut bedeckt ist.

Mit Röstzwiebeln bestreuen und mit Tomatenscheiben reichlich belegen. Etwas frisch gehackter Salbei auf die Tomaten streuen und danach das Ganze mit dünnen Scheiben Blauschimmelkäse, Gorgonzola oder einer milderen Sorte, je nach Geschmack, abschließen. Im auf 180 Grad vorgeheizten Backofen auf der mittleren Schiene 30 Minuten backen (Heißluft 160 Grad).

Das Fleisch bleibt saftig: Durch Tomaten, Röstzwiebeln und Käse bildet sich eine leckere Sauce. Dazu passen in Butter geschwenkte Rosmarinkartöffelchen, grüne Nudeln oder frisches Weißbrot und Blattsalate.

# Salbei-Medaillons

*

### Ein Rezept von *Iris Emge*

Die angegebene Menge ist für ca. 4 Personen und kann als Hauptgericht serviert werden.

**Zutaten:**

| | |
|---|---|
| 700-800 g Schweinelende | 8 dünne Scheiben Dörrfleisch |
| Salz | 2 El Kräuteröl oder |
| Pfeffer | Knoblauchöl |
| 16 Salbeiblättchen | |

**Zubereitung:**

Schweinelende in 8 Scheiben schneiden. Jede salzen und pfeffern und Salbeiblättchen auflegen.

Die Speckscheiben um die Medaillons wickeln, die Enden mit Zahnstochern feststecken.

Die Medaillons in Aluschalen dünn mit Öl bepinseln und unter Wenden etwa ca. 10 Min. grillen oder in der Pfanne backen.

# Wirsingsäckchen

\*

Ein Rezept von *Uschi Nutt*

Die angegebene Menge ist für ca. 4 Personen und kann als Hauptgericht serviert werden.

**Zutaten:**

| | |
|---|---|
| 200 g Reis | Salz |
| 1 Wirsing (1,2 kg) | Pfeffer |
| 1 Zwiebel | 1 Bund Petersilie |
| 1 Knoblauchzehe | 1 Bund Frühlingszwiebeln |
| 400 g gem. Hackfleisch | 3 EL Öl |
| 2 Eier (Kl. M) | 1 Dose Pizzatomaten (400 g) |
| 1 EL Tomatenmark | |

**Zubereitung:** ca. 75 Min.

Den Reis in kaltem Wasser einweichen. Den Wirsing putzen und 8 äußere Blätter ablösen. Diese Blätter in kochendem Wasser 3 Min. blanchieren und in eiskaltem Wasser abschrecken. Die dicken Mittelrippen zur Hälfte herausschneiden. Die Blätter trockentupfen. Zwiebel und Knoblauch pellen. Zwiebeln fein würfeln, Knoblauch durchpressen, den Reis abtropfen lassen. Hack, Zwiebel, Knoblauch, Reis, Eier, Tomatenmark, Salz und Pfeffer zu einem glatten Teig verkneten. Die Petersilie hacken und unterkneten.

Teig in 8 gleich große Portionen teilen, je 1 Portion auf ein Wirsingblatt geben. Blattränder darüber zusammenfassen, mit Küchengarn zu Säckchen binden. Beiseite stellen.

Die Frühlingszwiebeln putzen und das Weiße und Hellgrüne in Ringe schneiden. Den restlichen Wirsing vierteln, Strunk entfernen und die Viertel quer in 2 cm breite Streifen schneiden.

Öl in einem Topf erhitzen. Frühlingszwiebeln und Wirsing darin unter Rühren anbraten. Die Tomaten zugeben, mit Salz und Pfeffer würzen. Wirsingsäckchen auf den Kohl setzen und alles zugedeckt 30 Min. bei mittlerer Hitze schmoren. Dazu passt Reis.

# Mamas Rinderbraten

\*

Ein Rezept von *Ingrid Rupp*

Die angegebene Menge ist für ca. 4 Personen und kann als Hauptgericht serviert werden.

**Zutaten:**

| | |
|---|---|
| 100 g Dörrfleisch | 1 Tasse Rotwein |
| 1 große Zwiebel | 1 Becher süße Sahne |
| 500 g Hochrippe (4 dicke Scheiben) | 1 Becher saure Sahne |
| 4 EL Butter | Pfeffer, Salz, Paprika |
| etwas Fleischbrühe | |

**Zubereitung:**

Dörrfleisch und Zwiebeln würfeln, anbraten (in Butter), mit der Sahne, dem Rotwein und der Fleischbrühe aufgießen. Inzwischen das Fleisch würzen, im Bräter anbraten und die o. g. Zutaten darüber gießen.

Im Backofen bei 200 Grad 1½ Std. mit Deckel und eine ½ Std. ohne Deckel schmoren.

Dazu: Spätzle und Salat

# Herzdriggerte

*

Ein Rezept von *Christine Parl*

Die angegebene Menge ist für ca. 4 Personen und kann als Hauptgericht serviert werden.

## Zutaten:

| | |
|---|---|
| 1 Päckchen Kloßteig ½ + ½ | 250 ml süße Sahne |
| 200 g Hackfleisch | 1 Bund Schnittlauch |
| 150 g Speck oder Dörrfleisch | 1 Würfel Kräuterling |
| 1 kleine Zwiebel würfeln | |
| Pfeffer, Salz | |

## Zubereitung:

Kloßteig lt. Packungsangabe zubereiten. Von Hackfleisch, Zwiebel, Salz und Pfeffer gut vermischt kleine Bällchen formen. Diese Bällchen werden mit dem Kloßteig umhüllt. Klöße in heißem Wasser gar ziehen lassen (ca. 20-30 Min.).

Von der Sahne und dem Kräuterling eine Sauce bereiten. Speck würfeln und auslassen.

Kloß auf dem Teller leicht öffnen, Sahne, Speckwürfel und Schnittlauch hineingeben.

# Schichtgulasch

*

Ein Rezept von *Inge Kemmerer*

Die angegebene Menge ist für ca. 6 Personen und kann als Hauptgericht serviert werden.

**Zutaten:**

1. 500 g Rindfleisch in Würfeln
2. 500 g Dörrfleisch in Würfeln mit Saft
3. 500 g Schweinefleisch in Würfeln
4. 500 g Zwiebeln klein schneiden      1 Becher Crème fraîche
5. 500 g Paprika klein schneiden       1 Becher süße Sahne
6. 500 g Mettbällchen formen
7. 1 gr. Dose gesch. Tomaten
8. 1½ Flaschen Schaschliksauce

**Zubereitung:**

Die ersten 8 Zutaten der Reihenfolge nach in einen Brattopf schichten.

Im Backofen bei geschlossenem Deckel bei ca. 200 Grad 2½ Std. garen.

Nach dem Garen Crème fraîche und Sahne unterziehen.

Dazu ein gutes Brot.

Guten Appetit!

# Schweinebraten „Toskana"

*

## Ein Rezept von *C. Heinrich*

Die angegebene Menge ist für ca. 6-8 Personen und kann als Hauptgericht serviert werden.

## Zutaten:

| | |
|---|---|
| 1,5 kg Schweinerücken | Nelkenpulver |
| 5 Zweige Rosmarin | gem. Koriander |
| 1 Zweig Thymian | gem. Pfeffer |
| 4 Knoblauchzehen | Salz, 7 EL Olivenöl, Biskin |

## Zubereitung:

Am Vortag: Fleisch waschen und trocknen, Kräuter waschen, Knoblauch abziehen. Blättchen von 2 Zweigen Rosmarin, Thymianblättchen und Knoblauch sehr fein hacken. Gewürze, Kräuter und Knoblauch mit Öl vermischen und das Fleisch damit bestreichen. Fleisch über Nacht zugedeckt im Kühlschrank ziehen lassen.

Am folgenden Tag: Fleisch salzen und anbraten, etwas Wasser aufgießen und restlichen Rosmarin auflegen. Bei geschlossenem Topf ca. 2 Std. garen und danach bei geschlossenem Topf erkalten lassen.

Kalt mit Koriander-Pesto, siehe Pasta/Saucen, servieren.

# Gefüllte Schnitzelröllchen mit Schafskäse

\*

Ein Rezept von *B. M.*

Die angegebene Menge ist für ca. 4 Personen und kann als Hauptgericht serviert werden.

**Zutaten:**

| | |
|---|---|
| 4 dünn geschnittene | 2 cl Rotwein |
| Schweineschnitzel | ½ l Maggi (Feiner Saft-Pfeffer) |
| je ½ rote und gelbe Paprika- | Salz |
| schote | Pfeffer |
| 2 Knoblauchzehen | Schmand |
| 200 g Schafskäse | 2 TL frische Oreganoblätter |
| 4 EL Sahne | 1-2 EL Öl (Olivenöl) |

**Zubereitung:**

Schnitzel flachklopfen. Paprika sehr klein schneiden. Knoblauch schälen und fein hacken. Schafskäse mit Gabel zerdrücken und Paprika, Knoblauch u. d. Hälfte des Oreganos dazugeben. Sahne zugeben, bis eine streichbare Masse entsteht, und mit Pfeffer würzen. Schnitzel mit der Käsemasse bestreichen und als Roulade zusammenrollen und mit Zahnstochern zusammenstecken. Mehl mit Salz, Pfeffer und dem restlichen Oregano vermischen und die Schnitzelroulade darin wenden. Öl in der Pfanne erhitzen und die Schnitzelröllchen anbraten, bei geringer Hitze fertig braten (ca. 15 Min.). Schnitzelröllchen aus der Pfanne nehmen. Bratenfond mit Rotwein ablöschen und einkochen lassen. Mit Maggi (Feiner Saft-Pfeffer) aufgießen und sämig einkochen und mit Schmand etwas verfeinern. Schnitzelröllchen in die Pfanne zurücklegen und wieder erwärmen. Dazu reicht man Kartoffelbrei und Gemüse.

# Kartoffelroulade

*

Ein Rezept von *Rosalinde Ströbl*

Das Gericht kann als Hauptspeise serviert werden.

## Zutaten:

| | |
|---|---|
| 350 g Kartoffeln | Hackfleischmasse: |
| 2 hart gekochte Eier | 500 g Hackfleisch |
| 75 g geriebener Käse | 1 Zwiebel |
| Salz | 1 TL Paprikapulver |
| Pfeffer | 2 Knoblauchzehen |
| Muskat | 1 TL Petersilie, 1 TL Dill |
| 2 Eier | Salz, Pfeffer |
| 100 g durchwachsener Speck | Muskat |
| 2 EL Öl | |

## Zubereitung:

Kartoffeln schälen, waschen, 30 Min. weich kochen und zerdrücken. Würfelig geschnittene Eier, zerdrückte Kartoffeln, Käse, Salz, Pfeffer und Muskat in eine Schüssel geben und gut vermengen. Speck würfeln und in Öl anbraten, ⅛ Wasser zugießen und 15 Min. dünsten. Hackfleisch mit fein gehackter Zwiebel, Ei, eingeweichtem und ausgedrücktem Brötchen, Paprikapulver, fein gehacktem Knoblauch, Petersilie, Dill, Salz, Pfeffer und Muskat gut vermengen. Das Hackfleisch auf einer Alufolie ausrollen, die Kartoffelmasse bis auf einen 1-cm-Rand auf das Fleisch streichen und die Speckwürfel in der Mitte verteilen. Aufrollen und die Enden zusammendrücken. Die Fleischrolle mit der Alufolie in eine Kastenform legen, mit Ei bestreichen und mit Alufolie abdecken.

Im vorgeheizten Backofen bei 200 Grad 45 Min. backen. Noch weitere 15 Min. mit offener Folie überbacken.
Dazu passt ein gemischter Salat.

# Hähnchen-Reis-Pfanne

\*

### Ein Rezept von Andrea Geitel

Die angegebene Menge ist für ca. 4 Personen und kann als Hauptgericht serviert werden.

**Zutaten:**

| | |
|---|---|
| 250 g Naturreis | Salz, schwarzer Pfeffer |
| Salz | ½ TL mittelscharfes |
| 1 mittelgroße Zwiebel | Paprikapulver |
| je 1 kleine rote, grüne und | 2 EL Butter |
| gelbe Paprikaschote | 1 Bund Petersilie |
| 1 Fleischtomate (ca. 200 g) | 1 Knoblauchzehe |
| 4 Hühnerbrustfilets (ca. 500 g) | 2 EL Öl |

**Zubereitung:**

1. Salzwasser in einem Topf zum Kochen bringen und den Reis in etwa 20 Min. (siehe auch Packungsanleitung) darin bissfest garen. In ein Sieb abgießen und gründlich abtropfen lassen.
2. Die Zwiebel schälen und fein würfeln. Paprika halbieren, von Samen und Scheidewänden befreien, waschen und in Streifen schneiden. Tomate überbrühen, häuten, entkernen und würfeln. Brustfilets in grobe Stücke schneiden. Den Knoblauch schälen.
3. Das Öl in einer großen Pfanne erhitzen, die Hähnchenstücke zugeben und 5 Min. anbraten. Knoblauch dazupressen und das Fleisch mit Salz, Pfeffer und Paprika würzen. Aus der Pfanne nehmen und warm stellen.

4.  Die Butter in der Pfanne schmelzen. Zwiebeln und Paprikast-
    reifen zugeben und bei mittlerer Hitze 5 Min. anbraten. Reis
    und Tomatenwürfel zugeben und mit Salz, Pfeffer und Paprika
    abschmecken.

5.  Die Brustfilets darauf legen. Deckel schließen und bei milder
    Hitze 10 Min. garen. Anschließend mit Petersilie bestreuen.

85

# Ciabatta mit Hackfleischfüllung „Italia"

\*

### Ein Rezept von *Gabriele Massat*

Die angegebene Menge ist für ca. 3 Personen und kann als Hauptgericht serviert werden.

**Zutaten:**

Für 6-8 Scheiben:
1 mittelgroße Zwiebel
1 Töpfchen/Bund Basilikum
600 g Schweinemett
schwarzer Pfeffer, Salz
1 Ciabatta, ital. Weißbrot
(ca.400 g)

2 große Tomaten (ca. 250 g)
125 g Mozzarellakäse
1-2 EL Öl (Olivenöl)
evtl. Basilikum (garnieren)
Backpapier
2 EL fertige Knoblauchbutter

**Zubereitung:**

Zwiebeln fein würfeln, Basilikum waschen, Blättchen fein schneiden. Mett, Zwiebeln, ⅔ Basilikum und etwas Pfeffer verkneten. Aus dem Brot einen Keil herausschneiden, das Brot mit Knoblauchbutter bestreichen. Mettmasse in der Vertiefung verteilen und andrücken. Ciabatta auf einem mit Backpapier ausgelegten Backblech im vorgeheizten Ofen (E-Herd 200 Grad, Umluft 175 Grad) zunächst ca. 20 Min. backen. Tomaten waschen und in Scheiben schneiden. Mozzarella abtropfen lassen und in Scheiben schneiden. Ciabatta herausnehmen. Mit Salz, Pfeffer und dem Rest Basilikum bestreuen und mit Öl beträufeln. Bei gleicher Temperatur weitere ca. 20 Min. backen. Ciabatta in Scheiben schneiden und evtl. garnieren.
Zubereitungszeit: ca. 1 Std.
Scheibe: ca. 400 kcal/1840 kJ, E: 24 g, F: 24 g, KH: 28 g

# Lammtopf mit Kartoffelkruste

*

Ein Rezept von *Maria Gottstein*

Die angegebene Menge ist für ca. 4 Personen und kann als Hauptgericht serviert werden.

**Zutaten:**

| | |
|---|---|
| 600 g Lammfleisch ohne Knochen | 400 g Kartoffeln |
| 40 g Butterschmalz | 150 g Allgäuer Emmentaler |
| 1 Zwiebel, Salz, Pfeffer | 300 g Möhren |
| ¼ TL Paprika | ⅛ l Schlagsahne |
| 500 g grüne Bohnen | ¼ TL gegr. Thymian |
| ¼ l Fleischbrühe (Instant) | |

**Zubereitung:**

Fleisch mundgerecht würfeln. In einem Schmortopf in Butterschmalz mit Zwiebelwürfeln anbraten. Salzen, pfeffern und ⅛ l Wasser zugießen. 30 Min. schmoren lassen. Möhren und Bohnen putzen, waschen; Möhren in Scheiben, Bohnen in Stücke schneiden. Mit Thymian zum Fleisch geben. Mit Fleischbrühe auffüllen, noch 20 Min. garen.

In der Zwischenzeit die Kartoffeln schälen und ebenso wie den Käse grob reiben. Beides mit Sahne verrühren, mit Pfeffer und Paprika würzen. Fleisch-Gemüse-Topf in eine hitzebeständige Form füllen. Kartoffel-Käse-Masse darauf verteilen.

Ofen vorheizen, bei ca. 180 Grad Umluft ca. 20 Min. überbacken.

# Schweinesteak-Topf

*

Ein Rezept von *Iris Emge*

Die angegebene Menge ist für ca. 4 Personen und kann als Hauptgericht serviert werden.

**Zutaten:**

| | |
|---|---|
| 1 kg Tomaten | Pfeffer |
| 2 große Zwiebeln | Schweineschmalz |
| 4 Knoblauchzehen | ⅛ l Fleischbrühe |
| ½ Bund Basilikum | Salz |
| ½ Bund Oregano | ca. 100 ml Rotwein |
| 750 g Kartoffeln | |
| 4 ausgelöste Schweine- | |
| koteletts ca. à 150 g | |

**Zubereitung:**

Tomaten einritzen, kurz in kochendes Wasser legen. Herausnehmen, abschrecken und Haut abziehen. Tomaten vierteln, Zwiebeln und Knoblauch schälen und würfeln. Kräuter waschen und abzupfen. Kartoffeln schälen, waschen, in Stücke schneiden, Steaks pfeffern. Schweineschmalz erhitzen. Fleisch darin kurz anbraten und herausnehmen. Zwiebel und Knoblauch im Bratfett glasig dünsten, in einen großen Topf geben, Fleisch, Tomaten und Kräuter darauf verteilen. Brühe angießen. Mit Salz und Pfeffer würzen. Kartoffeln auch in den Topf geben. Alles zugedeckt ca. 20 Min. köcheln lassen. Rotwein zugeben und so lange schmoren, bis die Kartoffeln gar sind.

# Hähnchen mit Aprikosen

*

Ein Rezept von *Jochen Heinrich*

Die angegebene Menge ist für ca. 4 Personen und kann als Hauptgericht serviert werden.

**Zutaten:**

| | |
|---|---|
| 400 g Hähnchenfilet | 1 Becher (200 g) Schlagsahne |
| 400 g Porree (Lauch) | 1 Dose (425 ml) Aprikosen |
| 2 Chilischoten | 1-2 EL Soßenbinder (helle Sauce) |
| 2 EL Öl | 2 EL Zitronensaft |
| Salz | Zitronenscheiben zum Garnieren |
| Edelsüß-Paprika | |

**Zubereitung:**
Zubereitungszeit: ca. 25 Min.

Hähnchenfilet waschen, trockentupfen und würfeln. Porree putzen, waschen, in Ringe schneiden. 1 Chilischote entkernen und fein hacken. Öl in einer Pfanne erhitzen, Fleisch darin rundherum kräftig anbraten. Zum Schluss gehacktes Chili kurz mitbraten. Mit etwas Salz und Edelsüß-Paprika würzen. Porree zufügen, kurz mit andünsten. Mit ¼ l Wasser ablöschen. Bei starker Hitze ca. 5 Min. kochen. Sahne dazu.

Inzwischen Aprikosen abtropfen lassen, Saft dabei auffangen. Die Früchte in Spalten schneiden, Saucenbinder in die Pfanne einstreuen und unter Rühren aufkochen lassen. Die Früchte darin erhitzen.

Alles noch mal mit Salz und 3 bis 4 EL Aprikosen- und Zitronensaft abschmecken. Mit Zitronenscheiben und der restlichen Chilischote garniert servieren.

# Scharfes Geflügelfleisch mit Ingwer und Erdnüssen

*

### Ein Rezept von *Nada Christoph*

Die angegebene Menge ist für ca. 4 Personen und kann als Hauptgericht serviert werden.

**Zutaten:**

| | |
|---|---|
| 500 g Putenbrust | 2 scharfe grüne Peperoni |
| 4 EL Sojasauce | oder Cayennepfeffer |
| 3 EL Sherry | 4 Knoblauchzehen |
| 1 TL Zucker | 1 Stück frische Ingwerwurzel, |
| 3 TL Speisestärke | etwa 3 cm od. 1 Stück eingelegt |
| 1 Bund Lauchzwiebeln (150 g) | 4 EL Öl |
| 100 g geröstete Erdnüsse | |

**Zubereitung:** ca. 40 Min.

Fleisch in mundgerechte Würfel schneiden. Sojasauce mit Sherry, Zucker und Speisestärke verrühren. Mit dem Fleisch vermischen und 20 Min. stehen lassen. Lauchzwiebeln putzen, waschen und in Ringe schneiden. Peperoni der Länge nach halbieren, entkernen und würfeln. Knoblauchzehen und Ingwer würfeln. Fleisch etwas abtropfen lassen und in heißem Öl fünf Minuten braten. Zwiebeln, Peperoni, Knoblauch, Ingwer und die Marinade zugeben und unter Rühren zehn Minuten schmoren. Erdnüsse untermischen und abschmecken.

# Putenbrusröllchen in Kräuterspeck

*

Ein Rezept der *Metzgerei Picard*

Die angegebene Menge ist für ca. 4 Personen und kann als Hauptgericht serviert werden.

**Zutaten:**

| | |
|---|---|
| 800 g Putenbrust | 1 Zweig frischer Lorbeer |
| ½ Zitrone | 1 Zweig Rosmarin |
| 4-5 EL Rapsöl | 100 g durchwachsener Speck, |
| ½ Bund Thymian | in Scheiben |
| ½ Bund Oregano | grob geschroteter Pfeffer, Salz |

**Zubereitung:**

Das Putenfleisch kalt abspülen, abtrocknen und in etwa 3 cm breite und 6 cm lange Streifen schneiden. Die Streifen mit dem Saft der halben Zitrone beträufeln, leicht salzen und mit dem Pfeffer würzen. Im heißen Pflanzenöl in mehreren Portionen von allen Seiten kurz und kräftig anbraten. Die Putenfleischstreifen aus der Panne nehmen, die Kräuter darauf verteilen und mit je einer Scheibe Speck umwickeln.

Die Fleischstücke nebeneinander in die Fettpfanne des Backofens legen und die Kräuter mit etwas Öl beträufeln.

Im vorgeheizten Backofen bei 225 Grad (Umluft 200 Grad, Gas Stufe 4) etwa 10 Min. braten.

# Schweinefilet mit Gemüse überbacken

*

Ein Rezept der *Metzgerei Picard*

Die angegebene Menge ist für ca. 4 Personen und kann als Hauptgericht serviert werden.

**Zutaten:**

| | |
|---|---|
| 700 g Schweinefilet | 200 g Crème fraîche |
| 400 g Broccoliröschen | 200 g Sahne |
| 250 g Möhren | 200 g geriebener Gouda |
| 250 g Lauch | |

**Zubereitung:**

Broccoliröschen bissfest kochen, Lauch in Ringe schneiden, kurz blanchieren, Möhren in Stifte schneiden und bissfest kochen. Gut abtropfen lassen. Schweinefilet in dünne Scheiben schneiden, mit Senf bestreichen, salzen und pfeffern. Fleisch kurz anbraten. Filet und Gemüse in Reihen in eine feuerfeste Form legen. Gemüse/Fleisch abwechselnd. Crème fraîche und Sahne glattrühren, Käse unterrühren, wenn nötig würzen und über den Auflauf gießen. Im vorgeheizten Backofen bei 200 Grad 25 Min. backen.

# Schweinefilet in Joghurtsauce

\*

### Ein Rezept von *Carola Woitkowiak*

Dieses Gericht kann als Hauptgericht
serviert werden.

## Zutaten:

| | |
|---|---|
| 2 kleine Schweinefilets | 2 gestr. EL Zwiebelflocken oder |
| ½ TL Salz | -würfel |
| 1 gestr. TL Paprikapulver | 1 TL gekörnte Brühe |
| 100 g Schweizer oder alter | 1 Becher Sahnejoghurt |
| Holländischer Käse am Stück | 2 EL gehackte Petersilie |
| 1 gestr. EL Mehl | 4 gestr. EL Butter |

## Zubereitung:

Die Filets vom Fett und den Häutchen befreien, dann mit Salz und
dem Paprikapulver einreiben. Den Käse in dicke etwa 4 cm lange
Stifte schneiden. Diese Käsestifte igelartig in die Lendchen einste-
cken, sodass sie etwa zu drei Viertel im Fleisch sind und zu einem
Viertel vorstehen. Dann die Lendchen in Mehl wenden und in einem
Topf mit der Butter von allen Seiten hellbraun anbraten. Die Käsestifte schmelzen dabei außen ab. Die Zwiebelflocken (Würfel), die
gekörnte Brühe und den Joghurt dazugeben, alles verrühren. Deckel
aufsetzen und in 40 Min. bei kleiner Hitze gar werden lassen. Zum
Schluss die Petersilie untermischen. Dazu gibt es Rosenkohl mit
holländischer Sauce und Kartoffelbrei (ohne Milch), mit Salz und
Muskatnuss gewürzt. Den Kartoffelbrei mit dem Löffel ausheben
und im Backofen ca. 15 Min. braun werden lassen. Blech mit Alufolie
auslegen und fetten.

# Sylter Paella

\*

Ein Rezept von *Jörg Müller auf Sylt*

Die angegebene Menge ist für ca. 4 Personen und kann als Hauptgericht serviert werden.

**Zutaten:**

| | |
|---|---|
| 200 g Hähnchenbrustfilet oder | 400 g gek. Reis |
| Schweinefleisch | 200 ml Bouillon |
| Salz, Pfeffer | 1 TL Curry |
| 100 g gehackte Zwiebeln | etwas Thymian |
| 2 Knoblauchzehen | 200 g Fischfilet |
| 100 g geschälte Tomaten | 100 g Krabben oder |
| | Shrimps, |
| 100 g rote Paprika | eventuell Muscheln |
| 100 g gelbe Paprika | Lorbeerblatt |
| 100 g tiefgekühlte Erbsen | etwas Weißwein |

**Zubereitung:**

Hähnchenbrustfilet oder Schweinefleisch in Stücke schneiden und anbraten. Mit Salz und Pfeffer würzen. Zwiebeln und Knoblauchzehen klein hacken und mit anbraten. Die geschälten Tomaten, den roten und gelben Paprika würfeln, tiefgekühlte Erbsen und den gekochten Reis mit 200 ml Bouillon, etwas Weißwein, Curry, Lorbeerblatt und etwas Thymian mischen. Mit Salz und Pfeffer würzen.
Den Backofen vorheizen, bei 160 Grad 10 Min. ziehen lassen.
200 g Fischfilet in Stücke schneiden und anbraten. Krabben oder Shrimps dazu. Paella aus dem Ofen nehmen. Fisch vorsichtig unterheben und eventuell mit Muscheln garnieren.

# Schweinemedaillons in Calvados

*

Ein Rezept der *Metzgerei Picard*

Das Gericht kann als Hauptgericht serviert werden.

**Zutaten:**

| | |
|---|---|
| 700 g Schweinefilet | 200 g Champignons |
| Salz | 1 Likörglas Calvados |
| Pfeffer | 200 g Crème fraîche |
| Mehl | Kerbel |
| 100 g Butter | |

**Zubereitung:**

Das Schweinefilet in gleich große Medaillons schneiden, würzen, leicht in Mehl wenden. Butter in einer Pfanne zerlaufen lassen, die Medaillons darin saftig braten. Wenn sie halb durch sind (bei leichtem Druck auf das Fleisch muss es noch nachgeben), die in dünne Scheiben geschnittenen Champignons zugeben, Deckel auf die Pfanne setzen, dämpfen. Sind die Medaillons fertig (bei leichtem Druck gibt das Fleisch nun nicht mehr nach), herausnehmen, auf einer Platte anrichten und warm stellen. Calvados und Crème fraîche über die Champignons in den Bratenfond geben, etwas einkochen lassen, mit Salz und Pfeffer abschmecken. Sauce über die Medaillons gießen, mit gehacktem Kerbel überstreuen. Dazu hausgemachte Nudeln, einen leichten Rotwein oder Rosé servieren.

# China-Ente

*

Ein Rezept der *Metzgerei Picard*

Die angegebene Menge ist für ca. 6 Personen und kann als Hauptgericht serviert werden.

## Zutaten:

| | |
|---|---|
| 2 Tassen Sherry | Sauce: |
| ½ Tasse Honig | 6 Orangen |
| 2 EL chin. Sojasauce | 1 walnussgroßes Stück |
| 2 TL gehackter Ingwer | Ingwer in Sirup |
| 1 TL Senfpulver | 2-3 EL Zucker |
| 1 TL Sesamsamen | ¼ Glas Sherry |
| 1 bratfertige Ente (ca. 1,5 kg) | 1 EL Speisestärke |
| Salz | 1 Dose Mandarinenorangen |
| 40 g Margarine | 1 Banane, 1 Orange |
| | einige Kirschen, Petersilie |

## Zubereitung:

Sherry mit Honig und Sojasauce mischen. Gehackten Ingwer, Senfpulver und Sesamsamen hineinrühren. Die Ente darin zugedeckt im Kühlschrank einige Stunden marinieren, ab und zu wenden. Ente aus der Marinade nehmen, abtropfen lassen, innen salzen. In heißer Margarine in einem Topf von allen Seiten anbraten. Die Ente in die Bratenpfanne legen und im vorgeheizten Ofen unter regelmäßigem Begießen mit der Marinade etwa 70 Minuten bei 200 Grad braten. Für die Sauce die Schale einer halben Orange dünn abschälen und in feine Streifen schneiden. Orangen auspressen, Ingwer hacken. Orangenschale mit Orangensaft, Ingwer, Zucker und ⅛ Glas Sherry verquirlen und die Sauce damit binden. Mandarinenorangen abtropfen lassen, die Hälfte davon mit der in dünne Scheiben geschnittenen Banane zur Sauce geben. Ente auf einer vorgewärmten Platte anrichten, mit Mandarinenorangen, Bananenscheiben, Orangenscheiben, Kirschen und Petersiliesträußchen garnieren. Die Sauce gesondert reichen. Dazu Reis und grünen Salat. Als Getränk passt Bier oder trockener Weißwein.

# Kalbsgeschnetzeltes in Ananas-Sauce

\*

Ein Rezept der *Metzgerei Picard*

Das Gericht kann als Hauptgericht serviert werden.

**Zutaten:**

| | |
|---|---|
| 150 g Kalbsfilet | 50 g frische Ananas in Stückchen |
| 10 g Öl | ⅛ l Fleischsauce (aus Resten oder |
| Salz | Fertigprodukt) |
| Pfeffer | 50 g Sahne |
| 5 Schalotten | |
| 10 g Butter | |
| Curry | |

**Zubereitung:**

Das Kalbsfilet schnetzeln, das Öl in einer Pfanne stark erhitzen, das Fleisch kurz von beiden Seiten anbraten, salzen und pfeffern. Aus der Pfanne nehmen, das Öl abgießen. Schalotten fein hacken und in Butter dünsten, mit etwas Curry abschmecken. Ananasstückchen, Fleischsauce und Sahne zugeben, zu einer leicht sämigen Sauce einkochen lassen. Fleisch zugeben, durchschwenken, nicht mehr kochen lassen. In einer Schüssel anrichten. Als Beilage empfiehlt sich Reis und Salat.

# Fondue Chinoise

\*

Ein Rezept der *Metzgerei Picard*

Die angegebene Menge ist für ca. 4 Personen und kann als Hauptgericht serviert werden.

**Zutaten:**

1) Brühe
ca. 1 Pfund leicht durchwachsenes Suppenfleisch
1-2 Markknochen, 1 gelbe Rübe,
¼ Sellerie, 3 Zwiebeln, 1 Stange Lauch,
Petersilie, Schnittlauch
und ca. 3 Liter Wasser

2) Fondue
800-1000 g verschiedene Fleischsorten,
z.b. Rinderhüfte oder Lende, Schweinerücken, Kalbsfilet,
Putenfilet oder Kasseler beim Metzger in dünne Scheiben schneiden
lassen

3) Beilagen
Verschiedene Salate, Dips,
Saucen nach Geschmack, Stangenweißbrot, Salz,
schwarzer Pfeffer (Pfeffermühle)

**Zubereitung:**

Die Brühe absieben und im Fonduetopf erhitzen. Die einzelnen dünn geschnittenen Fleischteile aufgerollt auf die Fonduegabel stecken und dieses dann in der erhitzten Brühe garen lassen. Sie können das

Fleisch nach dem Garen noch zusätzlich mit Salz und Pfeffer würzen. Die verschiedenen Saucen und Salate ergänzen den „Essspaß".

# Fondue Bourgogne

*

## Ein Rezept der *Metzgerei Picard*

Die angegebene Menge ist für ca. 4 Personen und kann als Hauptgericht serviert werden.

**Zutaten:**

800-1000 g verschiedene Fleischsorten, z.b. Rinderhüfte oder Lende, Schweinerücken/Filet, Kalbsfilet, Putenfilet oder Kasseler
3 Platten Kokosfett oder 1,5 l Pflanzenöl
250 g geraspelte Möhren in Zitronensaft-Öl-Marinade
Petersilie, nach dem Abbrausen vollkommen getrocknet, dann 3 Min. frittiert
In Butter geschmorte, mit Curry abgeschmeckte Zwiebelringe
Verschiedene Fonduesaucen nach Geschmack
Verschiedene Salate, eingelegtes Gemüse, Saucen nach Geschmack, Stangenweißbrot, Salz, schwarzer Pfeffer und alles, was dazu schmeckt

**Zubereitung:**

Fleisch in 3-cm-Würfel schneiden. Fett oder Öl in der Fritteuse, dem Frittiertopf oder einem hohen Brattopf auf dem Herd erhitzen. Das Rechaud mitten auf den Tisch stellen. Beilagen vorrichten bzw. servieren. Sie benötigen pro Person 1-2 Fonduegabeln. Sie nehmen je 1 Fleischstück auf die Fonduegabel, halten dieses ins heiße Öl und „garen" es nach Wunsch rosé oder gar.
Sie können das Fleisch mit Salz und Pfeffer zusammen nach dem „Braten" würzen.
Wir wünschen Ihnen einen lukullischen Essspaß!

# Schwäbischer Topf

*

Ein Rezept der *Metzgerei Picard*

Dieses Gericht kann als Hauptspeise serviert werden.

**Zutaten:**

**Für die Spätzle:** 500 g Mehl, 4 Eier, Salz, 1 Prise geriebene Muskatnuss,
¼ l warmes Wasser
**Zum Garen:** Salz, 2 Liter Wasser
**Für das Fleisch:** je 4 Scheiben Rinderlende, Kalbs- und Schweinefilet
(je 50 g), schwarzer Pfeffer, 20 g Mehl
30 g Margarine, Salz, 1 TL Edelsüßpaprika, ¼ Liter Sahne,
⅛ Liter saure Sahne, 2 Sardellenfilets, 1 TL Bratensaftpulver
**außerdem:** 25 g Butter
**Für die Garnierung:** ½ Bund Schnittlauch, 1 Zitrone

**Zubereitung:**

Für die Spätzle Mehl mit den übrigen Zutaten zu festem Teig verarbeiten, 15 Minuten zugedeckt ruhen lassen. Teig mit dem Spätzlesieb in kochendes Salzwasser geben, garen und abtropfen lassen.
Fleisch abtupfen und pfeffern, in Mehl wenden und in heißer Margarine beiderseits je 3 Minuten braten, dann salzen und warm stellen.
Paprika in das Bratfett streuen, umrühren und sofort mit Sahne und saurer Sahne ablöschen. Sardellenfilets zerdrücken und in die Sauce geben, Bratensaft darin auflösen, die Sauce 2 Minuten kochen.
Spätzle in der Pfanne in heißer Butter 5 Minuten braten, mit Salz würzen und auf einer vorgewärmten Platte anrichten. Mit den

Fleischscheiben belegen. Sahnesauce und gehackten Schnittlauch darüber geben, mit Zitronenvierteln garnieren. Dazu grünen Salat reichen.

# Rollbraten, gefüllt mit Backpflaumen und Apfel

\*

Ein Rezept von *Frau Mey*

Dieses Gericht ist für 8 Personen und kann als Hauptspeise serviert werden.

## Zutaten:

| | |
|---|---|
| 1,5 kg Schweinebraten | 1 Apfel |
| ½ TL Majoran | 150 g Backpflaumen |
| ½ TL Zucker | 20 g Margarine |
| 1 Prise Zimt | ½ l Wasser, Soßenbinder |
| Salz und Pfeffer | |
| 1 Stange Lauch | |

## Zubereitung:

Den Schweinebraten als Scheibe vom Metzger schneiden lassen. Mit Salz und Pfeffer würzen und anschließend Majoran, Zucker und Zimt mischen und die Innenseite des Bratens damit würzen. Den Lauch putzen und waschen, auf die Größe des Bratens kürzen und auf das Ende der Fleischscheibe legen. Den Apfel schälen und in feine Spalten schneiden. Backpflaumen und Apfelscheiben abwechselnd auf dem Braten verteilen. Den Braten von der Seite, auf der der Lauch liegt, einrollen und mit Küchengarn fest umwickeln. Margarine erhitzen und den Braten von allen Seiten kräftig anbraten. Wasser, die restlichen Backpflaumen und Apfelspalten dazugeben und etwa 1½ Stunden schmoren lassen.

Den Braten herausnehmen, 10 Minuten ruhen lassen und anschneiden. Flüssigkeit nach Bedarf mit etwas Wasser aufgießen – vielleicht

auch etwas nachwürzen. Mit Soßenbinder binden, kurz aufkochen und zum Rollbraten servieren.
Dazu reicht man Kartoffeln und Rotkraut.

# Spitzkohl mit Zitronensauce

*

Ein Rezept von *Evi Menges*

Die angegebene Menge ist für ca. 4 Personen und kann als Hauptspeise gekocht werden.

## Zutaten:

| | |
|---|---|
| 800 g Kartoffeln | 1 Kapsel Safran |
| Salz | 1-1½ EL Zitronensaft |
| 60 g Butter | Pfeffer |
| 1 EL Mehl | Zucker |
| 400 ml Gemüsebrühe | 3 Knoblauchzehen |
| 150 ml Milch | 2 kleine Spitzkohl |
| 3 EL Schmand | 4 EL Milch |
| Muskatnuss | |

## Zubereitung:

Kartoffeln schälen, würfeln. Im Salzwasser 25-30 Min. kochen. 10 g Butter zerlassen, mit Mehl andünsten. 200 ml Gemüsebrühe und Milch einrühren, Safran und Zitronensaft dazutun. Mit Salz, Pfeffer und Zucker würzen, offen 5-7 Min. köcheln lassen.

Knoblauch in Scheiben schneiden, in 30 g Butter rösten. Spitzkohl putzen, längs vierteln. Mit Butter, Salz und 1 Prise Zucker 5-7 Min. kochen. Kartoffeln abgießen, mit Schmand, Pfeffer und Muskat grob zerstampfen. Spitzkohl abtropfen lassen. Mit der Zitronen-Safran-Béchamelsauce, den Stampfkartoffeln und der Knoblauchbutter servieren.
Dazu passt Lachsfilet sehr gut.

# Gefüllte Schmorgurke

\*

Ein Rezept von *Rüdiger Hering*

**Zutaten:**

2 dickfleischige Gurken
Öl zum Anbraten
¼ l Brühe (Instant)
1 Tasse dick gequollener Reis
1-2 EL Tomatenmark oder
geriebener Käse

100 g Jagdwurst oder Kochwurst
Salz
Paprika
evtl. Mehl

**Zubereitung:**
1. Die Gurken schälen und längs halbieren, die Kerne z. B. mit dem Löffel ausschaben. Dann Tomatenmark oder Käse zum Reis geben und mit Salz und Paprika abschmecken. Die Wurst würfeln und untermischen.
2. Die Gurken mit der Reismasse füllen und zusammenbinden.
3. In Öl anbraten, die heiße Brühe zugießen und die Gurken schmoren lassen, bis sie glasig sind. Wenn nötig, mit etwas Brühe auffüllen und nach Belieben mit in kaltem Wasser gequirltem Mehl binden.

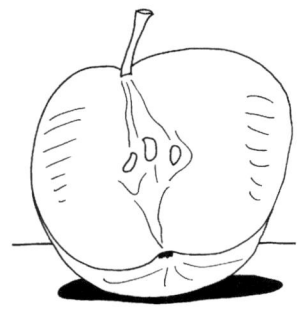

# Vollkornquiche mit Lauch

\*

Ein Rezept von *Kathrin Schäfer*

Das Gericht kann als Hauptspeise serviert werden.

**Zutaten:**

Teig:
200 g Vollkornmehl
200 g Quark
180 g Butter (weich)
1 TL Salz
1 TL Backpulver

Füllung:
600 g Lauch
100 g Zwiebeln, 4 Eier
250 ml süße Sahne
Pfeffer, Salz,
Muskatnuss, Prise Curry
100 g geriebener Käse

**Zubereitung:**

Den Quark, die Butter, das Salz und das mit Backpulver vermischte Mehl zu einem glatten Teig verkneten, ca. ½ Stunde in den Kühlschrank stellen. In der Zwischenzeit die Zwiebeln schälen, würfeln. Den Lauch waschen, in Streifen schneiden. Das Gemüse in Öl andünsten, bis es bissfest ist. Mit etwas Salz und Pfeffer würzen, abkühlen lassen.
Die Eier mit der Sahne verquirlen, mit den Gewürzen pikant abschmecken. Den Backofen auf 180 Grad vorheizen. Eine große Springform einfetten, mit Semmelbröseln ausstreuen und den Teig darin verteilen, dabei einen 3 cm hohen Rand formen. Mit einer Gabel mehrmals einstechen und den Teig 10-15 Min. blind backen, d. h. ohne Belag.
Danach das Gemüse auf dem Teig verteilen, die Eiermasse darüber geben und weitere 25-30 Min. backen. Etwa 10 Min. vor Backende die Quiche mit dem Käse bestreuen.

# Käsekuchen

\*

Ein Rezept von *Heike Klapp*

## Zutaten:

| Für den Boden: | Für den Belag: |
|---|---|
| 150 g Mehl | 1 kg Quark (40 %) |
| 1 gestr. TL Backpulver | 4 Eier und die 2 Eiweiß vom Boden |
| 65 g Zucker | 2 Becher H-Sahne |
| 1 P. Vanillezucker | 7 EL Zucker |
| 2 Eigelb | 1 P. Vanillepuddingpulver |
| 65 g Butter | 2 P. Vanillezucker |
| evtl. etwas Zitrone | evtl. etwas Zitrone |

## Zubereitung:

Ofen vorheizen (Heißluft 180 Grad). Die Zutaten für den Boden zu einem Teig verarbeiten. Den Teig in eine gefettete Springform (Durchmesser 26 cm) geben und einen ca. 2-3 cm hohen Rand andrücken. Den Boden ca. 7 Min. bei 180 Grad im Heißluftherd backen (200 Grad normaler Herd, Stufe 4 bei Gas).

Die Zutaten für den Belag mit dem Küchenmixer verrühren, auf dem vorgebackenen Teig verteilen und den Kuchen 1 Stunde bei 180 Grad im Heißluftherd backen. Den fertigen Kuchen nicht sofort aus dem Ofen nehmen und in der Form erkalten lassen.

# Rotkäppchen-Kuchen

\*

Ein Rezept von *Roselinde Steinbuch*

**Zutaten:**

Boden:
100 g Butter
150 g Zucker
200 g Mehl
2 TL Backpulver
3 Eier
1 Glas Sauerkirschen

Belag:
500 g Quark (40 %)
100 g Zucker
2 P. Vanillezucker
2 Becher Sahne
4 P. Sahnesteif

**Zubereitung:**

Boden:
Alles zu einem Rührteig verarbeiten. Den Teig halbieren. Die weiße Hälfte in eine Springform geben. 1 Glas Sauerkirschen abtropfen lassen und gleichmäßig auf dem Teig verteilen. Dann den schwarzen Teig (2 EL Nutella in die 2. Hälfte) darüber geben.
Backzeit: 45 Min. bei 180 Grad

Belag:
Quark, Zucker, Vanillezucker verrühren. Sahne und Sahnesteif schlagen und unter den Quark rühren. Tortenring um den Kuchen machen und die Quarkmasse darauf verteilen. Aus dem Kirschsaft einen Tortenguss kochen und heiß über der Torte verteilen.

Kuchen im Kühlschrank durchkühlen und aufbewahren.

# Zebra-Kuchen

*

Ein Rezept von **Renate Picard**

## Zutaten:

| Für den Teig: | Für den Guss: |
|---|---|
| 5 Eigelb | 150 g gesiebter Puderzucker |
| 250 g Zucker | 2 EL Zitronensaft |
| 1 P. Vanillinzucker | 3-4 EL Wasser |
| ½ Fl. Butter-Vanille-Aroma | |
| 250 ml Speiseöl | |
| 125 ml lauwarmes Wasser | |
| 375 g Weizenmehl, 1 P. Backpulver | |
| 5 Eiweiß, 2 EL Kakaopulver | |

## Zubereitung:

Eigelb, Zucker und Vanillinzucker mit Handrührgerät auf höchster Stufe schaumig rühren. Butter-Vanille-Aroma, Wasser und Öl unterrühren. Mehl und Packpulver mischen, sieben und portionsweise unterrühren. Eiweiß steif schlagen und vorsichtig unterziehen. Unter die Hälfte des Teiges den Kakao rühren.

Zunächst 2 EL des hellen Teiges in die Mitte einer Springform (Durchmesser 26 cm, Boden gefettet, mit Semmelbrösel bestreut) geben (nicht verteilen!!). Auf den hellen Teig 2 EL vom dunklen Teig geben.

Den Vorgang wiederholen, bis der Teig aufgebraucht ist. Den Teig nicht glatt streichen. Die Form auf den Rost in den Backofen schieben.

Backzeit: 50-60 Min. bei 180 Grad (Ober- und Unterhitze) vorgeheizt bei 160 Grad (Umluft)

Den Kuchen aus der Form lösen und auf einem Kuchenrost erkalten lassen. Für den Guss Puderzucker, Zitronensaft und so viel Wasser verrühren, dass ein dünnflüssiger Guss entsteht. Den erkalteten Kuchen damit überziehen.

# Oma Hannis Apfelkuchen

\*

Ein Rezept von *Kathrin Schäfer*

**Zutaten:**
250 g Mehl
125 g Zucker
125 g Butter
1 P. Vanillezucker
1 Eigelb
1 Schluck lauwarme Milch

**Zubereitung:**
Alles zu einem nicht allzu
klebrigen Teig verarbeiten
und in gefettete Springform
geben (Teigrand ca. 1,5 cm)

Belag: 3-4 entkernte, geschälte Äpfel in Scheiben schneiden und belegen

**Streusel:**
250 g Mehl
100 g Zucker
100 g Butter
1 P. Vanillezucker

Verkneten und über die Äpfel krümeln

Backen: Bei 165 Grad ca. 60 Min., anschl. Zimt und Zucker über heißen Kuchen streuen

**Alternativ:** „Fuldaer Variante"

½ Becher Schmand
½ Becher Sahne
Zimt nach Geschmack
2 EL Zucker

Vermengen und über heißen
Kuchen streichen. Überbacken.
Besonders saftig und lecker

# Sächsischer Wolkenkuchen

*

Ein Rezept von *Kathrin Schäfer*

**Zutaten:**                    **Zubereitung:**

300 g Margarine              Alles verrühren und auf
200 g Zucker                 ein gefettetes Blech geben
300 g Mehl
5 Eier
1 P. Backpulver
1 P. Vanillezucker

Streusel:
150 g Margarine              Alles verrühren und über
100 g Zucker                 den Teig streuseln
150 g Mehl
 50 g Kakao

Backen:  Bei 160 Grad ca. 50 Min.
Nicht anbrennen lassen – riecht unangenehm!

Auf fertigen heißen Kuchen 125 g zerlaufene Butter streichen und
mit Puderzucker bestreuen.

# Streuselkuchen

\*

Ein Rezept von Petra Picard

**Zutaten:**

| Hefeteig: | Streusel: |
|---|---|
| 500 g Mehl | 300 g Mehl |
| 75 g Zucker | 200 g Butter |
| 1 P. Hefe | 125 g Zucker |
| 1 P. Vanillezucker | ½ P. Vanillezucker |
| 1 Prise Salz | |
| 50 g Butter | |
| 2 Eier | |
| ¼ l Milch | |

**Zubereitung:**

**Hefeteig:** Mehl in eine Schüssel geben. In die Mitte eine Mulde drücken und Zucker und Vanillezucker auf die zerbröckelte Hefe geben. ¼ l Milch erwärmen, die Hälfte davon auf die Hefe geben und das Ganze mit Mehl vom Rand bedecken. Ca. 5 Min. ruhen lassen, bis das Mehl aufbricht. Mit dem Knethaken verrühren und hierbei restliche Milch, die Eier und die Butter sowie 1 Prise Salz zufügen. Schlagen, bis er Blasen wirft und glatt ist. Den fertigen Hefeteig in einer Plopp-Tupper-Schüssel so lange gehen lassen, bis er sich mindestens verdoppelt hat. Teig mit bemehltem Holz auswelgern und auf gefettetes Blech geben. Nach Belieben belegen.
Streusel: So lange kneten, bis Streusel entstehen

Hefeteig zubereiten, Streusel darauf geben und ca. 20 Min. bei 175 Grad backen.

# Schmand-Torte

\*

Ein Rezept von *Maria Picard.*

**Zutaten:**                    **Zubereitung:**

1 Ei                            Ei und Zucker schlagen,
65 g Zucker                     dann alles verkneten
65 g Butter
150 g Mehl
½ P. Backpulver

**Belag:**
2 Sahne-Pudding                 Kochen wie Pudding,
200 g Zucker                    zum Kochen bringen, dann
½ l Milch                       erkalten lassen

3 Becher Schmand drunterrühren und alles auf den Teig geben und mit 3 kleinen Dosen Mandarinen belegen.

Nach dem Backen etwas abkühlen lassen, einen klaren Tortenguss obendrauf.

Backzeit: 75 Min. bei 175 Grad

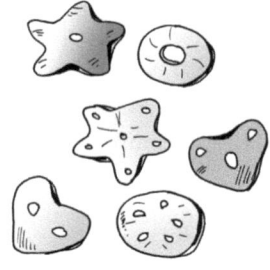

# Der unmögliche Apfelkuchen

\*

Ein Rezept von *Andrea Picard-Heinrich*

**Zutaten:**

Teig:
2 Becher Sahne (à 200 ml)
1 Becher Zucker (200 g)
1 P. Vanillinzucker
abger. Schale von 1 Zitrone
5 Eier (Klasse M)
3 Becher Mehl (375 g)
1 P. Backpulver
100 g Mandelblättchen

Belag:
ca. 6 säuerliche Äpfel
4 EL Zitronensaft

Guss:
100 g Butter
½ Becher Zucker
4 EL Milch

**Zubereitung:**

Äpfel schälen, vierteln, entkernen, längs in Spalten schneiden und mit dem Zitronensaft mischen. Für den Teig Sahne in eine Rührschüssel gießen. Zucker, Vanillinzucker und Zitronenschale zur Sahne geben und alles halb steif schlagen. Die Eier einzeln unterrühren. Teig in eine gefettete Saftpfanne (Kuchenblech mit hohem Rand) streichen. Mit den Apfelspalten belegen.
Im heißen Ofen bei 200 Grad auf der zweiten Schiene von unten 15 Min. backen (Gas: 3, Umluft 160 Grad).
Inzwischen für den Guss Fett, Zucker und Milch aufkochen, die Mandeln untermischen. Masse nach 15 Min. punktuell auf dem Kuchen verteilen. Weitere 15 Min. auf der zweiten Schiene von oben backen.

Schmeckt auch lauwarm mit Sahne.
Vorsicht: Macht süchtig!!!

# Der Enkel Lieblingserdbeertorte

\*

Ein Rezept von **Renate Picard**

**Zutaten:**

Biskuitboden, 2- oder 3-lagig
2x Paradiescreme (Dr. Oetker)
Erdbeeren

**Zubereitung:**

Einen 2- oder 3-lagigen Biskuitboden.
2x Paradiescreme steif schlagen. Unterteil mit Creme bestreichen.
Halbe kleine Erdbeeren darauf setzen. Für den besseren Halt etwas
Creme darauf. Nächster Boden (wenn gewünscht, nochmals das
Gleiche). Den letzten Boden mit Creme gleichmäßig bestreichen
und ganze Erdbeeren darauf setzen und mit dem Rest der Creme
Rand bestreichen. Kalt stellen. Am besten erst vormittags fertigen
für den Nachmittagskaffee.

# Traudels Rumkugeln

\*

Ein Rezept von *Traudel*

**Zutaten:**

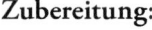

300 g Mehl
250 g Margarine
250 g Zucker
4 Eier
1 P. Backpulver
1 Prise Salz
200 g Früchte-Mix (Zitronat, Orangeat, Kirschen)

**Zubereitung:**

Margarine schaumig schlagen. Zucker, Eier und Salz dazugeben. Mehl mit Backpulver mischen und alles zu einem Teig verrühren, zuletzt Früchte-Mix unterheben. Bei 180 Grad 80 Min. backen. Von diesem Kuchen 300 g abwiegen und im Mixer gut zerkleinern, 50 g süße Mandeln auch zerkleinern. 400 g Nougat erwärmen, bis er flüssig ist, darin zerkleinerten Kuchen, Mandeln und 3 knappe Schnapsgläschen Rum (80 %) geben. Alles gut verrühren und über Nacht stehen lassen.
Jetzt die Kugeln mit der Hand formen. Schoko-Kuvertüre (Halbbitter) flüssig machen und die Kugeln darin eintauchen, am besten geht es mit zwei Gabeln. Wenn die Schokolade fest ist, sind die Kugeln fertig. Den Kuchen, den man nicht braucht, kann man auch sehr gut so essen, er schmeckt ausgezeichnet.
Man kann auch den Kuchen schon vorher backen und nach Portionen, wie man ihn später braucht, einfrieren.
Ich wünsche gutes Gelingen.

# Baseler Leckerli (Schweizer Rezept)

\*

Ein Rezept von *Margareta Faber*

**Zutaten:**

| | |
|---|---|
| 560 g Honig | 70 g Arancini |
| 280 g Zucker | die fein gewiegte Schale einer |
| 35 g Zimt | viertel Zitrone |
| 5 g Nelken | 140 g Mandeln |
| 2 g Muskatnuss | 630 g Mehl |
| 70 g Zitronat | ¼ Glas Kirschengeist |

**Zubereitung:**

Das Mehl legt man in einem Kranze auf das Nudelbrett oder besser in einen großen Weidling. Die länglich geschnittenen ungeschälten Mandeln, das würfelig geschnittene Zitronat, die würfelig geschnittenen Arancini und das fein gestoßene Gewürz gibt man in die Mitte des Mehlkranzes. Den Honig lässt man inzwischen aufkochen, rührt den fein gestoßenen Zucker hinein, lässt ihn mit dem Honig aufkochen und gießt ihn über alle Zutaten, ohne das Mehl zu berühren. Nachdem der Honig etwas abgekühlt ist, mengt man den Kirschengeist darunter, gibt unter ständigem Rühren das Mehl hinein und rührt es so lange, bis es ein fester, noch warmer Teig wird. Dann schneidet man 200-220 Gramm schwere Stücke von dem Teig ab und formt sie zu kurzen Rollen, welche etwas glatt gedrückt werden. Das Blech wird mit Mehl bestäubt, und den Teig lässt man einige Stunden ruhen und backt sie dann in einem sehr heißen Rohr. Noch heiß werden sie auf dem Blech in passende Stücke geschnitten.

– Rezept vom 16. Dezember 1918 –

# Käsetorte „Oma Maja"

\*

Ein Rezept von Oma *„Maja" – Maria Jünger*

**Zutaten:**

Mürbeteig:
300 g Mehl
150 g Butter – Zimmertemperatur in Würfeln
1 Ei
100 g Zucker
1 EL Milch

Belag:
1½ kg Quark
etwas Milch
3 Eigelb
1 EL Öl
½ Fläschchen Backöl (Zitrone)
1 P. Vanillepudding
1 gestr. TL Backpulver
30 g gehackte Mandeln

**Zubereitung:**

3 Eiweiß mit 1 EL Zucker schlagen und unter Quarkmasse heben.
Teig in Springform einfetten, am Rand hochdrücken und Quark
darauf.

60-80 Minuten bei 175 Grad backen.

# Dresdner Christstollen

*

Ein Rezept von *Lore Richter*

**Zutaten:**

800 g Rosinen
50 g bittere Mandeln, gehackt
200 g süße Mandeln, gehackt
100 g Zitronat
12 EL Rum

Oben genannte Zutaten über Nacht ziehen lassen

1000 g gesiebtes Mehl
100 g Hefe
150 g Zucker
300 g Butter
abgeriebene Zitronenschale
¼ l lauwarme Milch
2 Eier

Mehl in die Schüssel geben. In der Mitte Hefe, Milch, etwas Mehl dazu, mischen und bei 50 Grad im Backofen gehen lassen. Alle Zutaten unterkneten. Den Teig wieder gut gehen lassen. Laib formen und bei Mittelhitze 1 Std. backen. Noch heiß mit 250 g flüssiger Butter bestreichen, dick mit Puderzucker bestäuben und 2 Wochen kühl lagern.

# Pikanter Zucchini-Kuchen

\*

Ein Rezept der *Metzgerei Picard*

**Zutaten:**

| | |
|---|---|
| 700 g Zucchini | 125 g geriebener Gouda |
| 50 g Möhren | Salz |
| 3 Eier | Pfeffer aus der Mühle |
| 200 g Sahne | Muskat |
| 40 g Mehl | Butter |
| ½ TL Backpulver | Semmelbrösel |

**Zubereitung:**

Zucchini und Möhren waschen, putzen, grob raspeln. Sahne, Eier, Mehl und Backpulver verquirlen, Zucchini, Möhren und geriebenen Käse unterheben, mit Salz, Pfeffer und Muskat würzen. Eine Auflaufform ausbuttern und mit Semmelbrösel ausstreuen, dann den Zucchiniteil hineinfüllen und im vorgeheizten Backofen bei 180 Grad ca. 45 Min. backen. Besonders gut dazu schmeckt knackiger Blattsalat.

# Spaghetti-Salat

*

Ein Rezept von *Evelyn Menges*

Die angegebene Menge ist für ca. 4 Personen und kann als Beilage serviert werden.

**Zutaten:**

| | |
|---|---|
| 500 g Spaghetti | Essig |
| 1 Bund Schnittlauch | Basilikum oder Ruccola |
| Pfeffer | Olivenöl |
| 150 g Gouda | Salz |
| 3-4 Knoblauchzehen | |

**Zubereitung:**

Die Spaghetti in 3 Stücke zerbrechen und al dente kochen. Den Schnittlauch in Röllchen schneiden, Basilikum oder Ruccola klein schneiden. Den Käse würfeln. Knoblauch auspressen und mit dem Käse unter die lauwarmen Nudeln geben.

Mit Essig, Öl, Salz, frisch gemahlenem schwarzen Pfeffer abschmecken. Basilikum oder Ruccola und Schnittlauch darunter mischen.

Ganz einfach, aber himmlisch!

# Kartoffelsalat

\*

Ein Rezept von *Carin Maczey*

Die angegebene Menge ist für ca. 4 Personen und kann als Beilage serviert werden.

**Zutaten:**

| | |
|---|---|
| 250 g Mayonnaise | Saft von 3-4 Zitronen |
| 1½ TL Salz | 1½ EL Zucker |
| Pfeffer nach Belieben | 4 Äpfel |
| 1 großes Glas Salzgurken | 2-3 große Zwiebeln |
| 4 Pfund Kartoffeln (Pellkartoffeln) | |

**Zubereitung:**

Man rührt die Mayonnaise mit dem Zitronensaft, Salz, Pfeffer und Zucker an. Die Äpfel werden mit einem Eierschneider von beiden Seiten in dünne Streifchen geschnitten. Die Gurken und Zwiebeln schneidet man in Würfel. Die Kartoffeln werden mit Pelle gekocht. Danach pellt man und schneidet sie auch mit dem Eierschneider von beiden Seiten in Streifchen. Alles wird mit der Mayonnaise vermischt.

# Sprudelkrautsalat

\*

Ein Rezept von *Helga Hering*

Die angegebene Menge ist für ca. 8 Personen und kann als Beilage serviert werden.

**Zutaten:**

| | |
|---|---|
| 2 kg Weißkraut | 1 Tasse Öl |
| ½ TL Zucker | 1 EL Salz |
| ½ Fl. Wasser | etwas Pfeffer |
| ½ Fl. Gurkenaufguss | 2-3 Zwiebeln |

**Zubereitung:**

1. Schlechte Krautblätter vom Krautkopf entfernen. Kraut in Viertel trennen und dann mit dem Hobel in dünne Streifen hobeln. Die Zwiebeln säubern und in dünne Streifen schneiden.
2. Jetzt den Zucker, das Wasser, den Gurkenaufguss, das Öl, Salz und Pfeffer über das Kraut geben. Alles gut vermischen und mit den Zwiebeln bedecken. Alles eine Nacht ruhen lassen.
3. Vor dem Servieren alles noch mal gut vermischen.

# Deftiger Kartoffelsalat

*

Ein Rezept von *U. H.*

Die angegebene Menge ist für ca. 4 Personen und kann als Beilage serviert werden.

**Zutaten:**

| | |
|---|---|
| 2 kg kleine Salatkartoffeln | 1-2 EL Öl |
| 100 g geräuchertes Dörrfleisch | 1 EL Margarine/Butter |
| 50 g geräucherter Speck | Salz |
| 1 große Zwiebel | Pfeffer aus der Mühle |
| 3-4 süßsaure Gewürzgurken | (auf Wunsch 2-3 EL |
| 2 EL milder Senf | Miracel Whip zufügen) |

**Zubereitung:**

Gewaschene Kartoffeln ca. 20 Min. kochen und anschließend abgießen und kalt werden lassen. Kartoffeln pellen und in Scheiben schneiden. Essig, Öl, Senf, in Scheiben geschnittene Gewürzgurken, Salz, Pfeffer beifügen, vermischen und bei geschlossenem Deckel ziehen lassen. Auf Wunsch kann der Salat mit Miracel Whip verfeinert werden.

Die gehackte Zwiebel ist erst zuletzt beizufügen, da sonst der Kartoffelsalat etwas bitter schmeckt. Dörrfleisch, Speck in kleine Würfel schneiden, mit Butter oder Margarine in einer Pfanne anbraten und erst vor dem Servieren heiß über den Kartoffelsalat geben, umrühren und nochmals mit Salz und Pfeffer abschmecken.

# Auberginensalat

*

Ein Rezept von *Rosalinde Ströbl*

**Zutaten:**

| | |
|---|---|
| 1,5 kg Auberginen | Salz |
| 2 TL Zitronensaft | 0,1 Öl oder 3 EL Mayonnaise |
| halbe Zwiebel | 1-2 Knoblauchzehen |

**Zubereitung:**

Auberginen auf ein Backblech legen, mit der Gabel etwas einstechen und bei 200 Grad im Backofen etwa 30-45 Min. backen, bis sie weich sind. Die Auberginenhaut etwas abbrennen lassen, damit ein Rauchgeschmack entsteht.

Die Auberginen herausnehmen und noch heiß schälen und wenn nötig die Flüssigkeit abtropfen lassen, im Mixer pürieren.

Die Masse in einer Schüssel mit Salz und Zitronensaft unter tropfenweiser Zugabe von Öl schaumig rühren.

Zuletzt mit fein geriebener Zwiebel und fein gehacktem Knoblauch würzen. Man kann das Öl weglassen und 3 EL Mayonnaise darunter mengen.

Eignet sich vorzüglich zum Füllen von Tomaten oder als Brotaufstrich.

# Nudelsalat „Spezial"

\*

Ein Rezept von *C. D.*

Die angegebene Menge ist für ca. 4 Personen und kann als Vorspeise oder Beilage serviert werden. Besonders geeignet zum Grillen!

**Zutaten:**

| | |
|---|---|
| 500 g Spaghetti | 1 kg Tomaten |
| Basilikum | 4x Mozzarella |
| Olivenöl | Salz |
| Balsamico-Essig | Pfeffer |

**Zubereitung:**

Nudeln „al dente" abkochen. Tomaten und Mozzarella klein schneiden (in Würfel). Das Bund Basilikum waschen und grob hacken. Alles mischen, mit Salz und Pfeffer würzen. Zum Schluss Olivenöl und Essig untermischen, kurz ziehen lassen. Über die noch warmen Spaghetti geben und untermischen. (Wer mag, kann auch Knoblauch hinzufügen!)

# Insalata di Pollo al coriandolo

*

### Ein Rezept von *MTE*

Die angegebene Menge ist für ca. 4 Personen und kann als Beilage serviert werden.

**Zutaten:**

| | |
|---|---|
| 600 g Hähnchenbrust | 1 Honigmelone |
| 1 TL Korianderkerne | 100 g Salatspinat |
| 1 TL Senf | Salz |
| Olivenöl | |

**Zubereitung:**

Hähnchenbrust in kleine Schnitzel schneiden. Die Korianderkerne klein stampfen und auf das Fleisch streuen. In einer Pfanne 3 EL Öl erhitzen und das Fleisch bei mäßiger Hitze anbraten. Salzen und stehen lassen. Koriander gibt es auch als Pulver zu kaufen. Honigmelone halbieren, in Scheiben schneiden und dann grob würfeln. Spinat waschen und richtig abtropfen.

Die Zutaten auf 4 Teller verteilen und Sauce mit 4 EL Öl, 1 Prise Salz und TL Senf würzen und auf den Salat gießen.

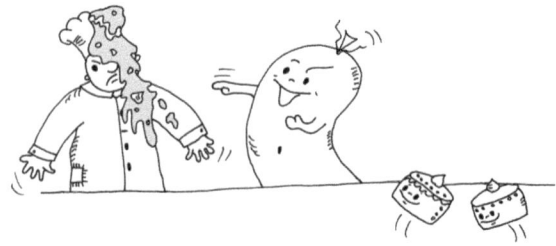

# Erfrischender Kartoffelsalat

\*

Ein Rezept von *Heike Klapp*

Die angegebene Menge ist für ca. 4 Personen und kann als Beilage serviert werden.

## Zutaten:

| | |
|---|---|
| ca. 1,25 kg Kartoffeln | 1-2 Becher Joghurt |
| ½ Bund Schalotten (Lauchzwiebeln) | ½ Tasse Gemüsebrühe |
| ½–1 Bund Radieschen | Salz |
| 1 Becher Schmand | Pfeffer |
| Essig | ½ Bund Dill |

## Zubereitung:

Kartoffeln kochen, abkühlen lassen, pellen und in Scheiben schneiden. Radieschen in Scheiben, Lauchzwiebeln in Ringe schneiden. Alles mit Schmand, Joghurt und Brühe mischen. Mit Salz, Pfeffer, Essig und klein geschnittenem Dill würzen und durchziehen lassen.

Schmeckt leicht gekühlt besonders gut.

# Krabbensalat

\*

Ein Rezept von *Jochen Heinrich*

Die angegebene Menge ist für ca. 4 Personen und kann als Vor- oder Hauptspeise serviert werden.

**Zutaten:**

| | |
|---|---|
| 300 g geschälte Krabben | 5 EL Olivenöl |
| 150 g Champignons | 2 EL Weinessig |
| 1 kleiner Kopfsalat | 1 Knoblauchzehe |
| 2 Tomaten | Salz |
| 2 hart gekochte Eier | Pfeffer |
| 1 Dose Spargelspitzen | 1 Bund Dill |

**Zubereitung:**

Champignons putzen und in Scheiben schneiden. Salat waschen, trockenschleudern und die Blätter zerpflücken. Geschälte Eier und Tomaten achteln. In einer Schüssel die Zutaten mit den Krabben und abgetropften Spargelspitzen mischen.

Aus Olivenöl, Weinessig, zerdrückter Knoblauchzehe, Salz und Pfeffer eine Marinade rühren und über den Salat gießen.

Krabbensalat mit fein gehacktem Dill bestreuen und sofort servieren.

# Nudelsalat mit Erbsen und Kräutern

*

Ein Rezept von *Petra Picard*

Die angegebene Menge ist für ca. 12 Personen und kann als Beilage serviert werden.

**Zutaten:**

250 g Nudeln (schneckenförmige oder Hörnchen)
Salz
2 Pakete tiefgefrorene Erbsen (300 g)
250 g Mayonnaise (80 % Fett)
100 ccm Milch (eine Tasse)
1 Paket Kresse
1 Bund Dill
1 Bund Schnittlauch
Pfeffer aus der Mühle
6 EL Essig

**Zubereitung:**

Die Erbsen in wenig Salzwasser kurz aufkochen, abgießen, kalt werden lassen. Die Mayonnaise mit der Milch verrühren, Kresse, Dill und Schnittlauch gründlich waschen, abtropfen lassen und hacken, in die Mayonnaise geben, mit Salz, Pfeffer und Essig abschmecken. Nudeln und Erbsen mit der Kräutermayonnaise mischen. Gut durchziehen lassen, vor dem Servieren eventuell noch einmal nachwürzen.

# Gefüllte Muschelnudeln

*

### Ein Rezept von *Susanne Vetter*

Die angegebene Menge ist für ca. 4 Personen und kann als Beilage serviert werden.

**Zutaten:**

| | |
|---|---|
| 500 g frischer Spinat | 1 Zwiebel |
| 150 g Frischkäse mit Kräutern | 20 g Butter |
| 200 g Philadelphia-Käse | 200 g Sahne |
| 1 Knoblauchzehe | 40 g Parmesankäse |
| 250 g große Muschelnudeln, bunt | Salz |
| 1 TL Öl | Pfeffer |

**Zubereitung:**

Spinat verlesen, waschen und abtropfen. In kochendem Salzwasser 1 Min. blanchieren und abschütten. Frischkäsesorten verrühren. Mortadella fein würfeln. Mortadella und Knoblauch unter den Käse rühren. Die Hälfte des Spinats unter den Käse rühren, salzen und pfeffern. Den restlichen Spinat pürieren. Zwiebel fein hacken, in 10 g Fett goldgelb dünsten. Pürierten Spinat dazugeben. Sahne zugeben und aufkochen, salzen und pfeffern. Nudeln 10 Min. kochen. Eine feuerfeste Form einfetten und die Spinatsauce hinzugeben. Die Nudeln mit Käsemasse füllen und in die Sauce legen. Das restliche Fett erhitzen und über die Nudeln geben. Im Ofen bei 200 Grad ca. 10 Min. backen und den Parmesan über die Nudeln geben.

# Koriander-Pesto

\*

Ein Rezept von *C. Heinrich*

Die angegebene Menge ist für ca. 6-8 Personen und kann als Beilage serviert werden.

**Zutaten:**

| | |
|---|---|
| 2 Bund Koriander | 150 ml Olivenöl |
| 1 Bund glatte Petersilie | 50 g Parmesankäse |
| 2 Knoblauchzehen | Salz, Pfeffer |
| 50 g Cashewnüsse | Cayennepfeffer |

**Zubereitung:**

Kräuter waschen und die Blätter abzupfen. Knoblauch abziehen und alles sehr fein hacken oder pürieren. Cashewkerne in der Pfanne ohne Fett rösten und grob hacken. Öl und geriebenen Parmesankäse dazugeben. Alles mit Salz und Cayennepfeffer abschmecken.

Siehe dazu auch Schweinebraten Toskana!

# Basilikumsauce

*

Ein Rezept von *Ute Orth*

Die angegebene Menge ist für ca. 4 Personen.

**Zutaten:**

¼ l Spargelwasser
150 g Crème fraîche
1 EL heller Saucenbinder
oder helle Sauce

1½-2 Tröpfchen Basilikum
etwas Zitronensaft

**Zubereitung:**

Das Spargelwasser aufkochen. Topf von der Kochfläche ziehen, Crème fraîche einrühren und nochmals aufkochen. Mit dem Saucenbinder oder der hellen Sauce eindicken.

Das Basilikum waschen und – bis auf ein paar Blätter zum Garnieren – zufügen. In der Sauce pürieren (ich zerkleinere die Basilikumblätter mit etwas Crème fraîche im Mixer und mache dann wie beschrieben weiter). Mit Salz, Pfeffer und Zitronensaft abschmecken.

Wenn etwas Sauce übrig bleibt, kann man diese sehr gut am nächsten Tag kalt zu Blattsalat oder aufgewärmt zu Nudeln essen.

Guten Appetit!

# Scharfe Honigsauce mit Knoblauch

*

Ein Rezept von *Barbara Spieler*

**Zutaten:**

| | |
|---|---|
| 1 große rote Paprikaschote | 1 EL dunkle Sojasauce |
| 4 große rote Pfefferschoten | 50 g Ingwerwurzel |
| 4 rote Chilischoten | 200 g heller flüssiger Honig |
| 4 Knoblauchzehen | 200 ml Obstessig |
| 4 EL helle Sojasauce | 2 EL Öl |
| 2 EL Zucker | 1 TL Salz |

**Zubereitung:**

Die Paprika waschen, entkernen und in feine Würfel schneiden. Die Pfeffer- und Chilischoten waschen, entkernen und auch in feine Würfel schneiden. Hände gründlich waschen! Den Ingwer schälen und flach klopfen, bis er stark duftet. In drei bis vier große Teile schneiden. Den Knoblauch fein hacken oder pressen.

Alle Zutaten in einen Topf geben und bei schwacher Hitze so lange kochen, bis die Zutaten weich sind. Mit dem Zauberstab pürieren und anschließend das Ganze köcheln lassen, bis die Sauce stark eindickt. Das Ingwerstück entfernen. Beim Erkalten sollte die Sauce dickflüssig werden.

# Pikante Zwetschgensauce

\*

Ein Rezept von *Barbara Spieler*

**Zutaten:**

500 g Zwetschgen, geputzt gewogen
3 Knoblauchzehen
1 getrocknete oder 2 frische Chilischoten
150 g brauner Zucker
100 ml Reisessig oder anderer milder Essig
2 EL Erdnussöl
½ TL Salz

**Zubereitung:**

Die Zwetschgen waschen, abtrocknen und entsteinen. In kleine
Würfel schneiden. Die Knoblauchzehen pressen. Die Chilischoten
fein würfeln und anschließend gründlich die Hände waschen. Alle
Zutaten in einem Topf mischen und über Nacht ziehen lassen. Dann
die Sauce erhitzen und 15 Min. bei mittlerer Hitze köcheln lassen.

Anschließend pürieren und nochmals aufkochen lassen. Sofort in
heiß ausgespülte Gläser füllen und auf den Deckel stellen.

# Vegetarische Lasagne

\*

Ein Rezept von *A. Picard-Heinrich*

Die angegebene Menge ist für ca. 3 Personen und kann als Hauptgericht serviert werden.

**Zutaten:**

| | |
|---|---|
| Zwiebeln | Brühwürfel |
| Öl | Salz |
| 3-4 große Stangen Lauch | Pfeffer |
| 4 große Karotten | Knoblauch |
| Tomaten (frisch, Dose oder Kästchen) | Gouda |
| 1 Becher süße Sahne | |

**Zubereitung:**

Zwiebeln in Würfel hacken, 3-4 große Stangen Lauch in Ringe schneiden, 4 große Karotten in Scheiben schneiden und in Öl anbraten. Statt Lauch und Karotten können auch Zucchini und Champignons genommen werden. Dann mit Pfeffer, Salz und Knoblauch würzen.

In die Auflaufform zuerst ein wenig Sauce unten rein, dann Lasagnenudeln (schon vorgekocht) und geriebenen Käse (mittelalter Gouda) darüber.

1 Stunde bei 180 Grad im Backofen

139

# Salatsauce Vinaigrette

\*

Ein Rezept der *Metzgerei Picard*

**Zutaten und Zubereitung:**

In 0,2 l Gewürzgurkenbrühe eine fein gewürfelte Gewürzgurke geben.

1 hart gekochtes Ei, eine halbe frische grüne und eine halbe rote Paprika fein zerkleinern.

1 Bund Schnittlauch und Petersilie hacken.

Alles mit Essig, Öl, Pfeffer, Salz und einer Prise Zucker abschmecken.
Eventuell etwas Wasser zugeben.

# Fischsauce zu Lachs oder Forelle

*

Ein Rezept von **M. P.**

**Zutaten:**

3 EL Weinessig
2-3 EL Zucker
4 EL Senf
ca. ⅛ Liter Öl
15 g fein geschnittener Dill oder wahlweise mit Sahnemeerrettich

**Zubereitung:**

Weinessig, Zucker und Senf mischen.
Unter Rühren nach und nach das Öl tropfenweise zugeben.
Dill oder Sahnemeerrettich einmischen.
Sauce kalt stellen.

# Rosenkohl – wie Männer ihn mögen

*

### Ein Rezept von *Maria Gottstein*

Die angegebene Menge ist für ca. 4 Personen und kann als Hauptspeise gekocht werden.

**Zutaten:**

| | |
|---|---|
| 1,5 kg Rosenkohl | 1½ l Brühe |
| 500 g Kartoffeln | 1 EL Mehl |
| 2 Zwiebeln | 1 EL Sahne |
| 1 Knoblauchzehe | Salz |
| 400 g Paprikawürstchen | Pfeffer |
| 2 EL Margarine | Paprika |

**Zubereitung:**

Rosenkohl putzen und am Strunk kreuzweise einschneiden. Die Kartoffeln schälen und klein schneiden. Zwiebeln und Knoblauch schälen und fein hacken. Die Würstchen in dicke Scheiben schneiden. Margarine in einem Topf zerlassen, Zwiebeln und Knoblauch darin glasig dünsten. Wurstscheiben kurz miterhitzen. Rosenkohl und Kartoffeln hinzufügen und mit Brühe auffüllen. Einmal aufkochen lassen, dann bei schwacher Hitze 20 Minuten garen. Speisestärke und Sahne verquirlen und die kochende Flüssigkeit damit binden. Den Eintopf mit Salz, Pfeffer und Paprika pikant abschmecken.

# KUMST

*

Ein Rezept von *Helgard Maczey*

Die angegebene Menge ist für ca. 4 Personen und kann als Hauptspeise gekocht werden.

**Zutaten:**

| | |
|---|---|
| 3 Pfund Eisbein | 3 Pfund rohes Sauerkraut |
| 3-4 Zwiebeln | Wasser, bis die Haxe bedeckt ist |
| 1 Knoblauchzehe | |
| 4 Teelöffel Salz | |
| 2 gute EL Zucker | |
| 150 g große Graupen | |

**Zubereitung:**

Das Eisbein wird zusammen mit dem Wasser, den Zwiebeln, der Knoblauchzehe, Salz, Zucker und den Graupen in einen Schnellkochtopf getan. Der Herd wird angestellt, der Schnellkochtopf geschlossen. 30 Minuten muss das Ganze kochen. Nach Abkühlen des Topfes diesen öffnen, das Fleisch vom Knochen lösen und darauf das Sauerkraut in den Topf geben und weitere 7 Minuten kochen lassen.

# Käse-Lauch-Suppe

*

Ein Rezept von *Trude Glab*

Die angegebene Menge ist für ca. 4 Personen und kann als Hauptspeise gekocht werden.

**Zutaten:**

| | |
|---|---|
| 500 g Schweinemett | 2 Stangen Lauch |
| 4 dicke Zwiebeln | 300 g Champignons |
| 1 l Fleischbrühe | 200 g Sahne-Schmelzkäse |
| 200 g Kräuter-Schmelzkäse | 200 g süße Sahne |
| Pfeffer | |
| Muskatnuss | |
| Öl | |

**Zubereitung:**

1. Lauch und Champignons waschen und putzen, dann in feine Scheiben schneiden. Zwiebeln schälen und in feine Streifen schneiden.
2. Schweinemett in einem Topf mit etwas Öl anbraten. Dann das fertige Gemüse dazugeben. Alles kurz miteinander anbraten.
3. Jetzt die Fleischbrühe, den Schmelzkäse und die süße Sahne dazugeben. Alles gut vermischen und ca. 20 min. köcheln lassen.
4. Die Suppe zum Schluss noch mit Pfeffer und Muskat abschmecken.

# Kartoffelsuppe mit Krabben

\*

Ein Rezept von *M. N.*

Die angegebene Menge ist für ca. 4 Personen und kann als Hauptgericht gekocht werden.

**Zutaten:**

| | |
|---|---|
| 600 g Kartoffeln | 100 g Lauch |
| 100 g Speckwürfel | 50 g Butter |
| 1 fein gewürfelte Zwiebel | 1 Liter Fleischbrühe |
| 0,25 Liter Sahne | 1 Prise Muskat |
| 200 g frische Nordseekrabben | Salz, Pfeffer |
| 4 EL gehackte Blattpetersilie | |

**Zubereitung:**

Lauch waschen, Kartoffeln schälen, beide in kleine Würfel schneiden. Butter, Speckwürfel und die gehackte Zwiebel in einem Topf anschwitzen. Lauch- und Kartoffelwürfel zugeben, mit Fleischbrühe auffüllen und alles weich kochen. Dann mit dem Mixstab alles fein pürieren. Sahne unterrühren, mit Salz, Muskat und Pfeffer abschmecken.

Zum Anrichten: Krabben und Petersilie auf die Teller geben und mit der Suppe auffüllen.

# Maronensuppe

\*

Ein Rezept von *Monika Roth*

**Zutaten:**

500 g Maronen
1 große Zwiebel
1 Bund Suppengrün
2 EL Butter

2-3 geschälte Kartoffeln
Gemüsebrühe
Sahne

**Zubereitung:**

Zuerst die Maronen schälen. Dazu die Schale an der spitzen Seite kreuzweise einritzen und die Maronen dann 10 Minuten in reichlich Wasser kochen. Danach lassen sich die Schalen leicht entfernen.

1 große Zwiebel abziehen, 1 Bund Suppengrün waschen, beides klein schneiden, in 2 EL Butter anrösten. Die Maronen und 2-3 geschälte, gewürfelte Kartoffeln zugeben. Mit Gemüsebrühe aufgießen, 30 Minuten köcheln, pürieren, mit Sahne verfeinern.

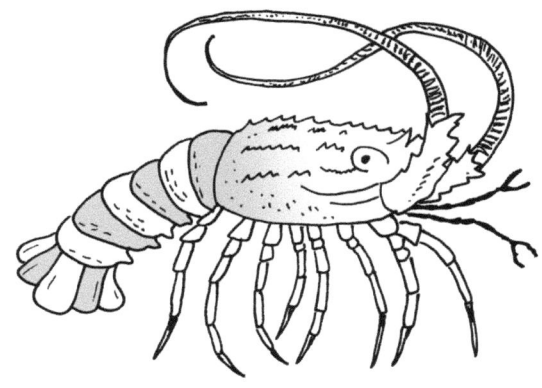

# Markklöße für die Suppe

\*

Ein Rezept von *Oma Anna*

**Zutaten:**

| | |
|---|---|
| 3-4 Markknochen | 1-2 Eier (nach Menge des Marks) |
| Salz | Pfeffer |
| Maggi-Würze | etwas Weckmehl |
| 1-2 trockene Brötchen | nach Belieben noch: |
| (nach Anzahl der Klöße) | Muskatnuss |
| Petersilie oder Schnittlauch | |

**Zubereitung:**

Das Mark aus den Knochen entfernen und in einen Topf geben (mit den Knochen, Fleisch und Gemüse eine Suppe kochen).

1-2 Brötchen einweichen, je nach Menge des Marks. Mark heiß auslassen. Die Brötchen mit etwas Weckmehl, den Gewürzen und Salz und Maggi mit einer Gabel durchmischen. Masse sollte Breiform erreichen. Das heiß ausgelassene Mark durchsieben und dazugeben. 1-2 Eier erst zum Schluss darunter heben. Klöße formen.

In kochendem Wasser 1 Probe zum Auftauchen geben (fällt es auseinander, evtl. Ei zugeben). Klöße einfrieren (roh!). Bei Bedarf in kochender Suppe (ohne umzurühren) aufkochen lassen.

Guten Appetit!

# Königsberger Fleck

\*

Ein Rezept von *Ulrich Heimann*

Die angegebene Menge ist für ca. 4 Personen und kann als
Hauptspeise gekocht werden.

**Zutaten:**

| | |
|---|---|
| 1000 g dicke Flecke/Kutteln | 4 Lorbeerblätter |
| 1 Stange Lauch | 6-8 Pimentkörner |
| 2 große Zwiebeln | 2 EL Majoran |
| 2 Rosenknochen/durchgesägt | Salz, Pfeffer/Mühle |
| Essig | |

**Zubereitung:**

Die Kutteln waschen und gründlich reinigen. Anschließend 24 Std.
in reichlich Wasser wässern. Nochmals waschen und in 10-15 mm
dünne Streifen schneiden.

Die kompletten Flecke/Kutteln in einen großen Kochtopf geben.
Lauch reinigen, in Scheiben schneiden, Zwiebeln vierteln, Rosen-
knochen, Lorbeer und Piment zugeben und alles in gesalzenem Wasser (ca. 5 cm Wasser über Topfinhalt) aufkochen lassen. Kochzeit
ca. 2-2½ Std., bei leicht geöffnetem Topfdeckel (E-Herd Stufe II)
einkochen lassen.

Mit Salz und Pfeffer/Mühle abschmecken, Majoran in die fertigen
Flecke geben. Nach Wunsch können 1-2 EL Essig je Suppenteller
zugefügt werden.

# Feurige Mitternachtssuppe

*

Ein Rezept von *E. K.*

Die angegebene Menge ist für ca. 10 Personen und kann als Hauptspeise gekocht werden.

**Zutaten:**

| | |
|---|---|
| 1 Pfund Gehacktes, gemischt | 1 Dose Sojabohnenkeime |
| 5 Gemüsezwiebeln | 1 Dose Champignons, geschält |
| 2 grüne Paprikaschoten | 2 kleine Peperoni |
| 2 rote Paprikaschoten | ca. 20 Oliven ohne Steine |
| 1 große Dose Tomaten | 2 Brühwürfel |
| 1 Dose Tomatenmark | Salz, 1 TL Zucker, schwarzer Pfeffer gemahlen, |
| | evtl. Tabasco zum Nachwürzen |

**Zubereitung:**

Gehacktes in Margarine anbraten. Zwiebel in Ringe schneiden, dazugeben. Paprika in Streifen schneiden. Sojabohnen, Tomaten dazugeben. Peperoni mitkochen und evtl. herausnehmen. Ca. 25 Minuten kochen.
Pilze und in Scheiben geschnittene Oliven dazu.
Brühwürfel in 1 Ltr. Wasser auflösen – dazu.

Mit Salz, Zucker und schwarzem Pfeffer abschmecken. Evtl. – wer möchte – mit etwas Tabasco nachwürzen. Hierzu reicht man geschnittenes Baguette.

Gutes Gelingen!

# Porreesuppe

\*

Ein Rezept von *Karin Paludi*

**Zutaten:**

| | |
|---|---|
| 6 Porreestangen | 3 Zwiebeln |
| 250 g Kartoffeln | einige Salatblätter |
| 3 EL gehackter Sauerampfer | 2 Knoblauchzehen |
| 2 EL gehackte Petersilie | 30 g Butter |
| 100 g süße Sahne | Salz |
| 1¼ l Fleischbrühe | Pfeffer |

**Zubereitung:**

Porree waschen, in Ringe schneiden. Zwiebeln, Salatblätter, Kartoffeln klein hacken. Alles in die Brühe geben, mit der Hälfte der Petersilie und dem Sauerampfer zum Kochen bringen. Wenn das Gemüse halb weich gekocht ist, einige Porreeringe herausnehmen (Garnierung), weiter weich kochen, passierte geriebene Knoblauchzehen dazugeben. Mit Butter, Sahne, Salz und Pfeffer abschmecken. Mit Porreeringen und Petersilie garnieren.

# Sauerteigsuppe

*

Ein Rezept von *Vanessa Jarosch*

Die angegebene Menge ist für ca. 4 Personen und kann als Hauptgericht gekocht werden.

**Zutaten:**

150 g Sauerteig (Reformhaus)       Weizenmehl
Brühe (kein Instant)                1 TL Margarine
2 gek. Krakauer                     Salz
2 Knoblauchzehen                    Pfeffer
500 g geschälte Kartoffeln          Maggi
1 Becher Schlagsahne

**Zubereitung:**

– Kartoffeln kochen, abkühlen lassen, in kleine Stücke schneiden
– gekochte Krakauer würfeln
– Zwiebeln, Knoblauch würfeln
– im Topf mit Margarine anbraten
– Sauerteig in bisschen Wasser auflösen
– Wasser mit Brühe zum Kochen bringen
– Sauerteig hinzufügen
– aufkochen, mit Weizenmehl andicken
– dazu: gekochte Krakauer mit Zwiebeln und Knoblauch
– zum Schluß Kartoffeln zugeben
– mit Sahne, Salz, Pfeffer und Maggi abschmecken

Muss säuerlich schmecken (nicht zu sauer)!

# Lauchcremesuppe mit Sahnehaube

*

Ein Rezept von *Andrea Picard-Heinrich*

Die angegebene Menge ist für ca. 2-3 Personen und kann als Hauptgericht gekocht werden.

**Zutaten:**

| | |
|---|---|
| 500 g Lauch (fein geschnitten) | 1-2 Eigelb |
| 150 g roher Schinken | Petersilie/Kerbel |
| 30 g Butter | 200 g Schlagsahne |
| 1 l Fleischbrühe | Salz |
| ⅛ l Weißwein | Pfeffer |
| 2 EL Mehl | Muskat |

**Zubereitung:**

– Schinkenwürfel in erhitzter Butter anbraten
– Lauch dann 5 Min. mitdünsten
– mit Mehl bestäuben und ca. 1 Min. weiterdünsten
– mit Fleischbrühe ablöschen und 15-20 Min. kochen
– Wein zugeben, würzen
– abschließend Eigelb mit 100 g Sahne verquirlen und die Suppe damit legieren
– in Suppentassen füllen, mit Sahne und Petersilie/Kerbel servieren

# Feuertopf

*

Ein Rezept von *Jochen Heinrich*

Die angegebene Menge ist für ca. 5 Personen (gute Esser)
und kann als Hauptgericht serviert werden.

**Zutaten:**

| | |
|---|---|
| 1 Pf. Rindergulasch | 1 Pf. rote u. grüne Paprika (würfeln) |
| 1 Pf. Schweinegulasch | 1 Pf. Zwiebeln (klein schneiden) |
| 1 Pf. Dörrfleisch | 1 Dose geschälte Tomaten |
| 1 Pf. gem. Hackfleisch | 3 Flaschen oder 2 Gläser Heinz- |
| (würzen und kleine | Zigeunersauce |
| Bällchen formen) | 1 Becher süße Sahne |
| 1 Pf. Fleischwurst | |

**Zubereitung:**

Alle Zutaten in einen Topf (Bräter) geben und 2 Stunden
bei 200 Grad im Backofen, mit geschlossenem Deckel,
kochen lassen.

Guten Appetit!

# Gourmet-Kohlsuppe

*

Ein Rezept der *Metzgerei Picard*

## Zutaten:

| | |
|---|---|
| 400 g geputzter Weißkohl | 1 l Gemüsebrühe |
| oder Wirsing | 1 kl. Dose Tomaten |
| 1 Bd. Stangensellerie | 1 getrocknete Chilischote |
| 300 g Möhren | 1 Bund Thymian |
| 1 rote Paprikaschote | Basilikum, Salbei, 1 EL Olivenöl |
| 3 Zehen Knoblauch | Salz, Pfeffer aus der Mühle |
| 6 große Frühlingszwiebeln | |

## Zubereitung:

Gemüse waschen, putzen, in kleine Stücke schneiden. Zwiebeln schälen, achteln, mit dem ungeschälten Knoblauch in Olivenöl anschwitzen. Nacheinander Möhren, Paprika, Kohl und die Tomaten dazugeben. Kurz dünsten, wenig salzen, Chilischote darüber bröseln. Die Gemüsebrühe dazugießen. Gemüse kurz aufkochen lassen. Thymian, Basilikum und Salbei zusammenbinden und in den Topf hängen, 5 Min. ziehen lassen. Knoblauch herausfischen.

Anmerkung:
Diese verfeinerte Kohlsuppe schmeckt und macht zugleich schlank. Um sie zu verdauen, muss der Körper nämlich Energie aus den Fettpölsterchen zuschießen. Das heißt, je mehr Sie davon essen, umso mehr nehmen Sie ab. Für ein, zwei Entschlackungstage kochen Sie sich einen großen Topf Suppe und essen davon, wenn Sie Hunger haben.

# Kirsch-Tiramisu

\*

Ein Rezept von *Ingrid Rupp*

Die angegebene Menge ist für ca. 6 Personen.

**Zutaten:**

| | |
|---|---|
| 3 Becher süße Sahne | 6-8 EL Zucker |
| 3 P. Sahnesteif | 1 Glas Sauerkirschen |
| 1 Becher saure Sahne | etwas Speisestärke |
| 1 Becher Schmand | Löffelbisquits |

**Zubereitung:**

Süße Sahne mit Sahnesteif schlagen, saure Sahne und Schmand unterrühren, mit Zucker nach Geschmack süßen.

Kirschen kurz aufkochen und mit Speisestärke etwas andicken.

Von der Sahnecreme in eine Schüssel geben (etwa die Hälfte), Bisquits darauf, restl. Creme darüber und die Kirschen zum Schluss obendrauf.

Mindestens 3 Stunden kalt stellen.

155

# Schokoladeneis

\*

Ein Rezept von *K. P.*

**Zutaten:**

150 g Vollmilchschokolade      ½ l Milch
100 g Zucker      1 P. Vanillinzucker
4 Eigelb

**Zubereitung:**

Schokolade im Wasserbad schmelzen. Eigelb mit Zucker und Vanillinzucker schaumig schlagen. Geschmolzene Schokolade dazugeben und bis kurz vor dem Kochen schlagen. Sofort vom Herd nehmen und gut mischen und gefrieren lassen.

# Sahnespeise mit Pfirsichspalten

*

Ein Rezept von *M. G.*

Die angegebene Menge ist für ca. 4 Personen.

**Zutaten:**

1 Dose Pfirsichspalten
1 Zitrone
2 Becher à 250 g Schmand

2 EL Zucker
1 Becher Schlagsahne
1 P. Vanillinzucker

**Zubereitung:**

Pfirsiche auf ein Sieb geben, den Saft auffangen. Die Zitrone heiß waschen, abtrocknen, Schale abreiben, mit Schmand und Zucker verrühren. 2-3 EL Pfirsichsaft unterrühren. Sahne und Vanillinzucker steif schlagen und mit einem Schneebesen unter den Schmand ziehen.

Kurz kühl stellen und die Sahnespeise auf 4 Dessertgläser verteilen. Vor dem Servieren die Pfirsichspalten darauf anrichten.

# Schottisches Dessert

*

Ein Rezept von *C. H.*

Die angegebene Menge ist für ca. 4 Personen.

**Zutaten:**

| | |
|---|---|
| 300 g tiefgefrorene Himbeeren | Sahnesteif |
| 820 g Pfirsiche (Dose) | etwas Zucker |
| 250 g Sahne (Moha) | brauner Rohrzucker |
| 150 g Natur-Joghurt | |

**Zubereitung:**

Tiefgefrorene Himbeeren in eine Glasschale geben. Pfirsiche abtropfen lassen, in Würfel schneiden und darüber. Sahne steif schlagen und Joghurt untermischen sowie 1 Sahnesteif und evtl. Zucker, je nach Geschmack.

Löffelweise Sahne und Joghurt (leichte Erhöhung) über das Obst geben. Vor dem Anrichten bzw. Essen dick Rohrzucker darüber geben.

Morgens zubereitet und nach ca. 4-6 Std. essen. Erfrischend und schnell.

# Irischer Nachtisch

\*

Ein Rezept von *B. M.*

Die angegebene Menge ist für ca. 6 Personen.

**Zutaten:**

| | |
|---|---|
| 300 g gefrorene Himbeeren oder auch gem. Beeren | 1 P. Vannillezucker |
| 1 Büchse Pfirsiche | 1 P. Sahnesteif |
| 250 g Schlagsahne | Zucker |
| 250 g Joghurt (fettarm) | brauner Zucker |

**Zubereitung:**

Himbeeren in gefrorenem Zustand und die klein geschnittenen Pfirsiche in eine flache Schüssel geben und mischen. 1 Löffel Zucker darauf streuen. 250 g Schlagsahne mit Sahnesteif und Vanillezucker steif schlagen. 250 g Joghurt unter die Sahne schlagen (vorsichtig!) oder mit der Hand.

Die Masse auf die Früchte geben und mit braunem Zucker reichlich garnieren und 2 Stunden in den Kühlschrank stellen.

# Ananascreme „Emma"

\*

Ein Rezept von *Birgit Ludwar*

Die angegebene Menge ist für ca. 6-8 Personen.

**Zutaten:**

50 g Gustin
75 g Zucker
1 P. Vanillezucker
Ananassaft mit Wasser auf ½ l ergänzen
2 EL Zitronensaft
¼ l Sahne/süß
200 g Ananas

**Zubereitung:**

Gustin, Zucker, Vanillezucker mit 6 EL Saft anrühren. Übrigen Saft erhitzen, angerührtes Gustin in den kochenden Saft geben. Aufkochen lassen.

Während des Erkaltens durchrühren. Die Sahne und Ananasstückchen darunter heben.

Im Kühlschrank ca. 2 Stunden erkalten lassen.

# Pfirsich „Kardinal"

*

Ein Rezept von *Maria Gottstein*

Die angegebene Menge ist für ca. 4 Personen.

## Zutaten:

8 Pfirsichhälften aus der Dose
1 P. 250 g tiefgefrorene Himbeeren
3 EL Zucker
1 Gläschen Himbeergeist

1 Becher Schlagsahne
etwas Vanillemark oder
1 TL Vanillezucker zum
Abschmecken

## Zubereitung:

Pfirsiche auf einem Durchschlag abtropfen lassen. Himbeeren auftauen und im Mixer pürieren. Zucker und Himbeergeist zufügen und mit dem Püree verrühren.

Die Pfirsichhälften auf einer großen Platte oder je 2 Fruchthälften in Dessertgläsern anrichten und das Himbeerpüree gleichmäßig darüber verteilen.

Schlagsahne steif schlagen, mit Vanillemark oder Zucker süßen, in einen Spritzbeutel füllen und das Dessert mit dicken Sahnetupfen garnieren.

# Betthupferl

\*

Ein Rezept von *Dr. dent. U. Picard*

Die angegebene Menge ist für mich.

**Zutaten:**

6-8 gehäufte EL Kölln-Haferflocken
(am Feiertag schon mal Kölln-Schmelzflocken)
2 gehäufte EL Kaba (gesüßtes Kakaopulver)
3-4 gehäufte EL Zucker
reichlich kalte Milch
(zur vollkommenen Sünde fehlt noch 1 zerdrückte Banane)

**Zubereitung:**

Alles auf einmal in eine entsprechend große Schale.

Los geht's!

**Vor'm Bettgehen Zähne putzen!!!**

# „Flan" Karamellpudding

*

Ein Rezept von *D. M.*

Die angegebene Menge ist für ca. 6 Personen.

**Zutaten:**

Karamell:                    Karamellpudding:
7 EL Zucker                  1 l Milch
¼ l Wasser (kalt)            8 Eier
                             9 EL Zucker

**Zubereitung:**

Karamell:
Zucker und Wasser in einen kleinen Topf geben und zum Kochen bringen.

Pudding:
½ l Milch in eine Schüssel geben, die Eier dazugeben. Mit dem Schneebesen rühren, restliche Milch dazugeben, weiterrühren und Zucker unter ständigem Rühren hinzufügen.

Wenn der Karamell fertig ist, in eine Kastenform geben, den Pudding obendrauf schütten. Im Wasserbad im Backofen bei 200 Grad Heißluft 50 Min.

# Clafoutis

*

Ein Rezept von *Evi Menges*

Die angegebene Menge ist für ca. 4 Personen.

**Zutaten:**

500 g Schattenmorellen im Glas
2 Eier
2 Eidotter
80 g Zucker
70 g Butter
1x Vanillezucker

1 EL Mehl
10 g gemahlene Mandeln
1 EL Speisestärke
⅛ l Sahne nach Belieben
Kirschwasser
25 g Mandelplättchen

**Zubereitung:**

Backofen auf 200 Grad vorheizen. Die Kirschen abtropfen lassen.
Mit Kirschwasser tränken.

Eier und Eidotter mit Zucker und Vanillezucker schaumig rühren. Butter dazutun. Mehl, Mandeln, Speisestärke und Sahne hinzufügen.

Eine Auflaufform einfetten. Die Kirschen abgetropft hineingeben.
Die Eiercreme darüber gießen. Mit Mandelplättchen bestreuen.
Für 30 Min. in die Backofenmitte schieben. Nach der Hälfte der
Backzeit evtl. mit Alufolie abdecken, falls die Mandelplättchen zu
dunkel werden.

Warm oder kalt servieren.

Man isst ihn nicht nur einmal!

# Eis-Gratin „Surprise"

\*

Ein Rezept von *Kathrin Schäfer*

Die angegebene Menge ist für ca. 6 Personen.

## Zutaten:

75 g Butter
75 g Haferflocken
1 EL Mehl
1 KL Backpulver
1 Ei
4 EL Zucker
1 KL Butter

1 P. (300 g) tiefgefrorene Himbeeren
1 P. (500 ml) Vanilleeis
3 Eiweiß
3 KL Zucker
50 g Mandelblättchen

## Zubereitung:

Butter schmelzen und über die Haferflocken gießen. Mehl, Backpulver, Ei und 4 EL Zucker dazugeben und gut verrühren. Eine feuerfeste Form (30x20 cm) mit 1 KL Butter einfetten und die Masse darauf gleichmäßig verteilen. Im Backofen bei Mittelhitze ca. 20 Min. backen und abkühlen lassen.
Himbeeren auf dem Haferflockenboden verteilen. Vanilleeis darauf verteilen. 3 Eiweiß steif schlagen und 3 KL Zucker unterrühren und das Eis gleichmäßig damit abdecken. Mandelblättchen darüber streuen und unter dem Grill in 2-3 Min. überbacken.

Brennwert pro Portion ca.: 1765 kJ (420 kcal)
Nährwerte pro Portion ca.: E: 12 g, KH: 47 g, F: 20 g

# Ananas-Parfait mit warmer Himbeersauce

*

Ein Rezept von *Martina Picard*

Die angegebene Menge ist für ca. 4 Personen und kann als Nachspeise serviert werden.

**Zutaten:**

4 Eier
4 EL Puderzucker
0,8 ml Sahne
1 Dose Ananas

**Zubereitung:**

Eigelb und Zucker zu einer dicken Creme schlagen. Sahne steif schlagen und unter die Eimasse heben. Ananas fein würfeln und ebenfalls unterheben. In eine/mehrere Formen füllen, die vorher mit Folie ausgelegt wurden. Gut gefrieren! Ist bis zu 3 Monaten haltbar.

Himbeersauce: Himbeeren mit Zucker bestreuen, aufkochen lassen, pürieren, mit Mondamin etwas binden.

# Mousse au chocolat

\*

## Ein Rezept von *M. P.*

Diese Speise kann als Nachspeise serviert werden.

**Zutaten:**

150 g dunkle Schokolade
3 Eier
½ l Sahne
2-3 EL Likör nach Geschmack

**Zubereitung:**

Schokolade in Stücke brechen und im Wasserbad schmelzen.

Eier im Wasserbad schaumig schlagen und evtl. Likör zugeben.

Schüssel aus dem Wasserbad nehmen, Schokolade mit der Eimasse mischen.

Sahne steif schlagen.

Erst ⅓ der Sahne unter die Schokoladen-Ei-Masse heben, dann den Rest.

# Schlemmerbrötchen

\*

### Ein Rezept von *S. H.*

Die angegebene Menge ist für ca. 4 Personen und kann als Partygericht serviert werden.

**Zutaten:**

| | |
|---|---|
| 1 kg Mett | Gewürze nach Geschmack: |
| 2 Packungen Kräuterkäse | z. B. Paprikapulver, Pfeffer |
| zum Schmieren | Backpapier |
| 6 Brötchen zum Fertigbacken | |
| Zwiebeln | |

**Zubereitung:**

Ein Backblech mit Backpapier auslegen. Brötchen halbieren und dick mit Kräuterkäse schmieren. Mett auf den Käse geben und mit Zwiebelringen belegen. Nach Geschmack würzen (ist eigentlich nicht nötig, da das Mett bereits gewürzt ist).

Bei 200 Grad Ober- und Unterhitze ca. 25-30 Min. backen. Ein Vorheizen ist nicht erforderlich. Die Brötchen sind fertig, wenn das Mett leicht gebräunt ist.

# Honigmelone mit Feigen und Parmaschinken

\*

Ein Rezept von *MTE*

Die angegebene Menge ist für ca. 2 Personen und kann als Vorspeise serviert werden.

**Zutaten:**

½ Honigmelone (400 g)
Parmaschinken (100 g/feine Scheiben)
Feigen (60 g)
Schnittlauch (12-15 Halme)
Pfeffer
Salz

**Zubereitung:**

Honigmelone in Scheiben und dann in Würfel schneiden. Auf einen Teller legen und mit Salz und Pfeffer bestreuen. 10 Minuten stehen lassen. Wenn der Schinken kräftig genug ist, muss die Melone nicht gewürzt werden.

Schnittlauch putzen und 5 Sekunden in heißes Wasser geben. Melonenwürfel mit Schinken einwickeln und mit Schnittlauch wie ein Päckchen binden! Auf einem Teller dekorieren. Feigen in kleine Scheiben schneiden und auf jedes Päckchen dazugeben.

# Bresaola

\*

Ein Rezept von *Petra Picard*

Die angegebene Menge ist für ca. 4 Personen und kann als Vorspeise gereicht werden.

**Zutaten:**

120 g Bündner Fleisch
2 Knoblauchzehen
Zitronensaft (oder Balsamico)
Olivenöl

Parmesankäse
Pfeffer a. d. Mühle
Basilikumblätter

**Zubereitung:**

Teller mit dünn geschnittenem Bündner Fleisch auslegen.
Mit Zitronensaft oder Balsamico und Olivenöl beträufeln.

Die Knoblauchzehen und den Parmesan dünn hobeln und auf dem Bündner Fleisch verteilen. Zum Schluss mit Pfeffer würzen und mit Basilikumblättern belegen.

Dazu Ciabatta- oder Weißbrot

# Zisterzienserbrot (Benediktinerbrot)

\*

Ein Rezept von *Christel Heinrich*

Für den Wein- oder Bierabend

**Zutaten:**

| | |
|---|---|
| 350 g durchwachsener Speck | ½ l Milch |
| 5 Zwiebeln | Salz |
| 1 kg Backpflaumen ohne Stein | frisch gemahlener Pfeffer |
| 1,75 kg gem. Hackfleisch | Fett für zwei Fettpfannen |
| 225 g Mehl | 2 Bund Brunnenkresse |
| 10 Eier | |
| 2 TL Backpulver | |

**Zubereitung:**

Speck und abgezogene Zwiebeln fein würfeln. Backpflaumen in Stücke schneiden. In einer großen Schüssel alles mit Hackfleisch, Mehl, Eiern, Backpulver und Milch vermischen. Mit Salz und Pfeffer abschmecken. Den Fleischteig auf zwei gefettete Bleche des Backofens streichen. In den auf 200 Grad, Umluft 170 Grad, Gas Stufe 3 vorgeheizten Backofen schieben und etwa eine Stunde backen. Herausnehmen und ganz oder lauwarm abkühlen lassen. Zisterzienserbrot in Stücke schneiden und mit Brunnenkresseblättchen anrichten (pro Portion ca. 750 Kalorien). Für 1 Blech empfiehlt es sich, die Zutaten zu halbieren.

Das Rezept basiert auf alten Quellen und stammt vermutlich aus dem Zisterzienserkloster Eberach im Rheingau.

Es empfiehlt sich, einen halbtrockenen Riesling Spätlese dazu zu trinken.

# Spargel-Käse-Toast

\*

Ein Rezept der *Metzgerei Picard*

Die angegebene Menge ist für ca. 2 Personen und kann als Vorspeise serviert werden.

**Zutaten:**

| | |
|---|---|
| 1 EL Butter | Emmentaler |
| 150 g Krabben | Salz |
| 1 Glas Spargel | Pfeffer |
| 1 Ei | 2 Scheiben Toast |
| 100 g Sahne | |

**Zubereitung:**

1 EL Butter in der Pfanne erhitzen. Ca. 150 g Krabben etwa 1 Min. anbraten, 1 Glas Spargel (in ca. 1-cm-Stücke geschnitten) dazu und mitbraten.

1 Ei verquirlen und mit 100 g Sahne verrühren, geriebenen Käse (Emmentaler) untermischen (evtl. Spargelsaft dazu) und mit Salz und Pfeffer würzen.

Jeweils 2 Scheiben Toastbrot mit der Krabben-Spargel-Masse belegen. Käsemasse darüber und im Grill (Ofen) überbacken, bis der Käse leicht gebräunt ist (ca. 8 Min.).

# Cougere

\*

Ein Rezept von *Evi Menges*

Die angegebene Menge ist für ca. 6-8 Personen und kann als Vorspeise zubereitet werden.

**Zutaten:**

| | |
|---|---|
| 0,35 Liter Wasser | 250 g geriebener Käse |
| 1 Prise Salz | nach Belieben Schinkenwürfel |
| 125 g Butter | und Zwiebelwürfel |
| 250 g Mehl | |
| 1 Päckchen Backpulver | |
| 5 Eier | |

**Zubereitung:**

Im Topf Wasser, Butter und Salz erhitzen. Topf vom Herd nehmen und Mehl und Backpulver mit dem Handmixer einarbeiten. Topf wieder auf den Herd stellen und rühren. Topf vom Herd nehmen und Eier, Käse und eventuell Schinken oder Zwiebeln einarbeiten. Vom Käse 2-5 EL zurückbehalten. Einen Kranz auf einem gefetteten Blech formen. Mit dem restlichen Käse bestreuen.

Bei 180 Grad in der Mitte des Backofens 40 Minuten backen.

Die Gäste träumen noch lange davon.